이것이
메타버스 마케팅이다

하룻밤에 읽는 메타버스 디지털 마케팅의 모든 것

이것이 메타버스 마케팅 이다

노준영 지음

METAVERSE MARKETING

슬로디미디어

메타버스,
각자에게 맞는 답은 따로 있다

메타버스라는 단어가 일반화되면서 많은 이야기들이 생겨났다. 대부분은 메타버스를 실무 환경에 적용하거나 혹은 메타버스 개념을 활용해 마케팅을 전개하는 사례였다. 메타버스라는 개념 자체는 누구에게나 새로운 경험이었고, 또 앞으로 우리가 마주할 현실과 발전을 생각해보면 반드시 알아야 할 것이라는 건 분명했다. 하지만 개발과 적용이라는 이슈 속에서 '비용'이라는 단어와 마주하는 경우가 많았다. 또 비용 고민이 없다고 해도 타 기업이나 기관이 이미 시도한 메타버스의 모습과 차별화된 해답을 제시하지 못한다면 의미를 찾기 어려운 상황도 존재했다. 즉, 비용의 여부와는 상관없이 모두가 메타버스에 대한 고민을 떠안게 되었다는 것이다.

실제로 그랬다. 외부 강연을 통해 메타버스가 의미하는 것에 대해 말했고, 질문 시간이 되면 어김없이 등장하는 질문 두 가지가 있었다.

"남들 다 하긴 하는데, 지금이라도 메타버스 해야 하나요?"

"괜찮은 것 같긴 한데, 개발비가 많이 들지 않나요?"

이 책의 출발은 이 질문에서부터 시작된다. 메타버스, 미래를 위해 좋은 개념인 건 알겠는데 비용에 대한 고민이 있다면 어떻게 접근해야 하는 것인가? 개발을 위한 충분한 여력은 있는데 이미 진행된 수많은 메타버스 마케팅의 유사품이 되지 않으려면 어떻게 해야 하는 것인가? 이 질문에 대한 답을 찾기 위해 우리는 본질을 생각해볼 필요가 있다.

메타버스라는 개념을 좀 더 본질적으로 고민해보자. 분명 이 현상과 개념이 의미하는 수많은 뜻이 존재할 것이다. 이 본질적 의미를 반영해 새로운 전략을 세우면 되는 것이며, 이 본질적 의미가 가리키는 방향의 긍정적 부분을 반영해 나가면 메타버스의 본질 찾기는 큰 결과가 되어 돌아올 것이라 확신한다. 그리고 이 믿음을 바탕으로 '돈이 되는 메타버스 마케팅'이라는 책의 주제를 정할 수 있었다.

우리를 둘러싼 환경은 끊임없이 변화할 것이다. 특히 메타버스가 힘을 발휘하고 있는 디지털 마케팅 환경은 트렌드의 변화, 플랫폼의 발전과 함께 역동적으로 움직일 것으로 예상된다. 이런 변화 속에서 변하지 않는 가치를 드러내는 건 과연 무엇일까? 나는 입버릇처럼 "상황은 변해도 본질은 유지된다"는 말을 하곤 한다. 디지털 마케팅 환경은 계속해서 변화하고 있지만, 그 속에 담긴 대중들의 움직임과 뜻을 포함한 본질은 변하지 않고 여전히 영향을 미치고 있다. 그래서 본질을 읽는 사람은 적응하며, 플랫폼의 대세만을 읽는 사람은 2퍼센트 부족한 적응력을 보여주곤 한다. 이것이 바로 우리가 본질을 논하고, 이 본질에 대한 고민을 더 힘차게 이어 나가야 하는 이유라고 생각한다.

메타버스도 마찬가지다. 알고 보면 각자에게 어울리는 답은 따로 있다. 본질을 읽으면 말이다. 단순히 메타버스 실행에 대한 Yes와 No가 아닌, 다양한 적용과 활용에 대한 해답이 곳곳에 존재한다. 또 메타버스가 의미하는 것을 지금 이미 하고 있었던 디지털 마케팅 활동에 적용하는 방법도 있다. 이렇게 다양한 방법들 중, 각자의 상황에 가장 어울리는 방식을 택하면 그것이 바로 메타버스를 이해하는 방식인 것이다. 본질에 대한 고민은 이렇듯 다양한 해답을 만들어가는 원천이며, 시간이 지나도 빛이 바래지 않는 의미 있는 지식을 제공하는 강점을 가지고 있다.

그래서 이런 본질에 대한 고민 끝에 이 책을 준비했다. 메타버스에 대한 개념부터 각자의 상황에 맞는 마케팅 적용까지, 이 한 권의 책이 메타버스라는 단어가 촉발시킨 모든 고민을 해결하는 원동력이 되길 진심으로 바란다.

✕ 차례 ✕

PART 3. 메타버스와 마케팅의 미래

PART 4. 메타버스가 마케팅에 던지는 메시지

PART

1

메타버스
쉽게 이해하기

METAVERSE

01

메타버스, 도대체 무엇인가?

사실 시작은 소설이었다

가상의 '나'를 통해서만 들어갈 수 있는 세계가 있다. 이 세계는 그야말로 가상의 공간이라 실제의 '나'로는 경험할 수 없다. 우리는 가상의 세계가 아닌 현실에 존재하기 때문이다. 그래서 이 공간에 들어가려면 반드시 가상의 '나'를 창조해야 한다. 이것이 바로 우리가 익히 알고 있는 아바타다. 1992년 미국의 SF작가 닐 스티븐슨(Neal Stephenson)은 자신의 소설《스노 크래시》에서 이런 세계를 언급했다. 당시에는 아마 어리둥절했을지도 모르겠다. 가상의 '나'라는 개념 자체도 생소했을 것이며, 현실을 넘어선 가상의 공간이 어색하게 다가갔을 것으로 예상된다. SF니까 그럴 수도 있겠다고 고개를 끄덕거렸을 수도 있을 것이고, 혹은 '현실과 다른 가상이라니 무슨 사후세계를 뜻하는 게 아닐까'라고 상상의 나래를 폈을 수도 있다. 하지만 이런 어리둥절했던 개념은 체계화 과정을 거친다. 3차원 가상

현실 기반의 게임들이 등장하기 때문이다. 〈심즈〉라는 게임이 2000년에, 〈세컨드 라이프〉라는 게임이 2003년에 등장했다. 심즈는 신나는 삶을 살아보자는 목표 아래 캐릭터를 만들어 가상의 공간에서 인생을 창조하는 게임이었다. 세컨드 라이프는 3차원 가상공간에서 콘텐츠 개발 도구로 게이머가 상상한 거의 모든 형태의 콘텐츠를 만들어낼 수 있다. 확장 가능한 공간에서 상상했던 인물, 혹은 이야기를 창조해낼 수 있는 것이다. 두 게임 모두 지금 우리가 마주하고 있는 메타버스라는 개념에 잘 어울린다. 심즈와 세컨드 라이프의 캐릭터는 모두 가상공간에 존재한다. 하지만 마치 현실에 있는 자신의 존재처럼 하나의 삶을 살아가며, 원하는 방식대로 행동하고 창조가 가능하다. 이런 게임의 인기와 함께 메타버스라는 개념은 대중들에게 친숙한 개념으로 다가가기 시작했다.

원점으로 돌아가 메타버스라는 단어를 살펴보자. 메타버스(Metaverse)는 메타(Meta)라는 단어와 유니버스(Universe)라는 단어의 합성어다. 메타라는 단어는 가상, 혹은 초월이라는 의미를 가지고 있다. 유니버스는 우주, 공간 등을 뜻하는 단어다. 즉, 합치면 '가상공간'이라는 뜻이 된다. 하지만 실제의 메타버스는 가상공간이라는 단순한 의미보다 훨씬 더 입체적인 뜻을 가진다.

VR이라는 단어를 기억할 것이다. VR체험, VR게임 등 다양한 개념을 만들어내며 인기를 얻은 단어다. VR은 보통 가상의 세계에서 실제와 같은 체험을 할 수 있도록 돕는 기술이다. 그래서 VR을 활용한 게임들을 보면, 해당 게임에서 어떤 행동을 통해 실제 세계에서 그 행동을 하는 듯한 느낌을 받을 수 있는 사례가 많았다. 하지만 한 가지 아쉬운 점이 존재했다. 바로 소통의 부재다. 분명 체험은 가능하지만, 이 체험이 사회적 가치로 이어지지는 못했다. 물론 타인과 함께 할 수 있는 게임이라면 소통이 가능한 것이 아니냐고 반문하는 사람도 있을 것이다. 그러나 같은 공간에서 VR 기기를 활용해 게임에 참여하고 있는 사람이 아니라면, VR 자체로 소통의 크기를 키우는 일은 거의 불가능에 가까웠다. 또 소통이 가능한 부분이 생겨도, 이는 게임 내부에서의 활동에 불가할 뿐 인간이 '사회적 동물'임을 입증할 수 있을 만한 의미 있는 부분은 많지 않았다. 즉, VR은 현실을 복사해 가상공간에 옮겨놓았지만, 우리의 소통에 대한 열망은 이동시키지 못했다. 그러니 무언가 부족함을 느꼈고, 반쪽짜리 경험인 듯한 아쉬움이 존재했다. 특히 소통이 중요한 사회, 문화, 행사, 마케팅 등의 목적에서는 VR을 적극적으로 활용하기 어려웠다. 단발성에 그치는 한계를 마주할 수밖에 없었던 것이다. 어쩌면 이런 아쉬움을 해결하는 개념이 바로 메타버스였던 것 같다. 메타버스는 가상공간에서 현실 세계의 행동들을 한다는 것에 대해선 VR과 유사하지만, 현실 세계와 완전히 똑같이 소통한다는 점에서는 차별성을 가진다. 가령 가상공간에서 문화생활을 즐긴다거나, 혹은 액티비티를 즐기기도 한다. 또 사회적인 상황에 대해 의견을 주고받기도 하며, 체험을 위해 방문한 가상공간에서 타인과 소통할 수도 있다. 마치 나의 분신이 가상공간에 존재하고, 나와 똑같은 일들을 현실이 아닌 가상공간에서 하고 있는 것과도 같다. 그러니 VR은 단순 체험에 불과했다면, 메타버스는 그야말로 '나' 자체인 것이다. 따라서 가상공간에 진입해 있는 사람들은 각자의 생각대로 행동하는 것이 가능하다. 물론 공간에서 구현한 부분에 따라 약간의 제약은 존재하겠지만, 현실 공간과 똑같은 방식으로 활동할 수 있다. 게다가 자신을 대리하는 아바타를 이용해 제약 없이 움직이는 것도 가능하다.

나, 그리고 나를 대신하는 '나'

사실 가상공간이라는 개념은 처음 등장한 것은 아니다. 이미 우리는 3D라는 이름으로 가상공간을 오랫동안 경험해왔다. 게임에서 정교하게 구현된 3D 그래픽을 만나보기도 했으며, 각종 마케팅과 브랜딩을 위해 가상공간을 만들어낸 사례도 숱하게 봐왔다. 하지만 이 개념은 메타버스와는 거리가 멀다. 왜일까? 답은 간단하다. 앞에서 말한 소통의 부분이 빠져 있기 때문이다. 소통이 빠지면 가상공간에서의 '나'는 현실의 '나'를 대신하는 존재라고 보기 어렵다. 입체적이지 못하고, 평면적인 모습에 불과하기 때문이다.

만약 메타버스가 과거에 봐온 가상공간이나 VR과 다른 지점이 없었다면 새로운 용어로 사용할 필요도 없었을 것이다. 하지만 가상공간, 3D, VR과 같은 단어 대신 우리는 메타버스라는 말을 사용하고 있다. 즉, 명확한 차별성이 존재하기 때문에 아예 단어를 새로 언급해야만 했다.

기존 개념과의 확실한 차이는 결국 '나'의 존재감에 대한 것이다. 우리가 익히 봐왔던 과거의 가상공간과 관련된 개념들은 '나'의 존재감이 현저히 떨어진다. 대화를 나누는 것은 가능했지만, 이 대화가 익히 경험해오던 사회생활에서의 소통과는 차이가 있었다. 키보드나 핸드폰 문자 창에서 열심히 쓰는 메시지는 마치 채팅과 유사한 형태였고, 사회적 커뮤니케이션을 하고 있다는 확신은 전혀 주지 못했다. 결국 평면적 경험이었기에, 이런 가상공간에 대한 이슈가 사회, 문화, 경제 등 다양한 주제로 뻗어나갈 수 없었다. 그러다보니 단순 체험이나 게임 쪽에 집중되어 있는 경우가 더 많았다.

하지만 메타버스에서의 '나'의 존재감은 현실에서의 나와 거의 동일하다. 먼저 아바타를 보자. 아바타는 현실의 나를 반영할 수도, 혹은 현실에서 꿈꾸던 나의 모습을 창조할 수도 있다. 어떤 방향을 선택해도 현실에서의 나와 큰 연관성이 있으며, 현실에서의 내가 머릿속에 떠올렸던 감정이나 생각들을 반영하게 된다. 또 아바타는 나의 대리인이 되어 메타버스 공간 내에서 다양한 활동들을 펼친다. 문화생활을 하기도 하고, 경제활동을 하기도 한다. 강의를 듣기도 하고, 회사 내에서 필요한 업무를 수행하기도 한다. 현실에서 하던 사회적 커뮤니케이션을 진행하기도 하며, 공간에 참여한 또 다른 아바타들과 상호작용을 주고받는 다양한 행동을 할 수도 있다. 이는 마치 공간만 가상일 뿐, 현실의 일들과 완전히 같은 모습이다. 바로 이 부분이 메타버스라는 용어가 모두에게 미래를 말할 수 있는 수단 중 하나로 평가받게 된 핵심이라고 볼 수 있다.

결국 기존의 개념들이 가졌던 아쉬움을 극복하고, 현실에서의 상황을 그대로 가상공간으로 옮겨놓은 것이 메타버스의 가장 큰 차별점이라고 볼 수 있다. 즉, 현실에서의 '나'와 가상공간에서 나를 대신하는 '나'의 존재가 이제는 평행선 위에서 완벽히 연결되었다고 봐도 좋을 것이다. 이 연결은 상당히 큰 의미를 지닌다. 생각해보자. 우리는 그간 온라인 환경에서 숱하게 많은 일들을 진행해왔다. 특히 디지털 마케팅이라는 단어를 통해 다양한 플랫폼에서 마케팅을 시도했다. 이 중 성과가 좋은 것도, 또 성과가 좋지 않은 것도 있었겠지만 가장 큰 아쉬움은 무엇이었나? 바로 조회수와 좋아요로 대표되는 단편적 반응으로 측정할 수밖에 없었다는 것이다. 물론 페이스북이 제공하는 픽셀이나 구글, 네이버 등이 서비스하는 각종 전환 추적툴을 이용해 대중들의 움직임을 알아볼 수는 있다. 하지만 즉각적으로 구매와 연결되는 프로젝트가 아니라 콘텐츠와 스토리텔링 등 내러티브 구조가 필요한 상황에서는 픽셀이나 전환 추적이 큰 의미를 갖지 못했다. 디지털 마케팅 활동에 실제적으로 반응하고, 이런 대중들과 커뮤니케이션을 진행하거나 피드백을 주고받는 과정이 필요했음에도 마땅한 수단을 찾기가 쉽지 않았던 것이다. 디지털 마케팅의 목표를 판단해 각 목표에 맞는 자료를 수집하는 일 역시 단순한 과정 속에 이뤄지진 못했다. 그런데 메타버스라는 개념이 수면 위로 떠오른 것이다. 단편적인 반응 측정에 아쉬움을 느꼈던 수많은 기업과 기관이 주목할 수밖에 없는 이유다. 메타버스는 가상공간을 현실과 동일한 형태의 행동이 가능한 환경을 제공했고, 이를 통해 디지털 마케팅에 대한 대중의 반응을 볼 수 있게 되었기 때문이다. 또한 대중들이 모일 수 있는 공간을 제공하고, 디지털 마케팅 메시지에 좀 더 입체적으로 노출될 수 있는 환경도 메타버스가 만들어주었다. 게다가 현실에서의 대중, 그리고 그들을 대체하는 가상공간의 또 다른 자아를 동시에 공략하는 이상적 상황도 연출할 수 있었다. 분명 가상공간에서 의미 있는 노출이 이루어진 대중들은 현실 공간에서도 해당 제품이나 서비스를 찾게 될 가능성이 높다. 이는 현실과 가상, 두 가지 공간에서 모두 노출과 선택을 일으키는 색다른 디지털 마케팅 환경의 시작이었다.

이런 상황들을 최적화시키기 위해서는 현실과 가상공간의 유기적 연결이 필요했다. 현실에서의 내가 가상공간에서의 나와 평행선 안에 존재해야 효과가 극대화 될 수 있기 때문이다. 그리고 메타버스는 그걸 해냈다.

메타버스의 필요충분조건

자, 이렇게 의미 있는 메타버스는 몇 가지 필요충분조건을 가진다. 일단 플랫폼이 필요하다. 무조건적으로 가상공간을 만들어놓는다고 끝나는 게 아니다. 해당 가상공간을 대중들이 접근하도록 만들어주는 플랫폼이 필요하다. 실제로 제페토, 게더타운, 이프렌드, 로블록스 등 다양한 플랫폼들이 존재한다. 이 플랫폼들은 가상공간을 구현할 수 있도록 서비스를 제공하고, 이 가상공간에서 체험 가능한 다양한 요소들을 만들 수 있게 해준다. 이런 플랫폼은 각종 개발 및 발전 과정을 통해 더 많아질 가능성이 높다. 다양성은 최적화 선택을 돕는 좋은 가치이기 때문에 더 많은 플랫폼들이 메타버스 생활을 도울 것으로 예상된다. 또 다른 요소는 메타버스를 지원하는 '기기'다. 흔히 보는 HMD(Head Mounted Display)가 대표적이다. HMD란 머리에 착용하는 디스플레이 기기로 가상공간으로의 몰입을 돕는다. 이미 VR게임 등 다양한 분야에 활용되어 왔고, 이 역시 더 몰입감 있는 경험을 제공하는 형태로 계속 발전하고 있다. 앞으로는 웨어러블 기기 등 더 많은 종류의 기기가 메타버스에 완전히 몰입하는 경험을 도울 것이다. 빅데이터 기술도 빼놓을 수 없다. 빅데이터 기술은 대부분 정보를 처리하는 쪽에 초점이 맞춰져 있다. 메타버스에서 빅데이터가 중요한 이유는 바로 대중들이 가장 선호하는 경험을 알아내거나, 혹은 상호작용에 대한 각종 이슈를 분석하기 위해서다. 메타버스는 현실에서 하던 행동들을 그대로 구현하기 때문에 굉장히 많은 상호작용이 존재할 수 있다. 이 중에서는 꼭 필요한 것이 있을 수 있고, 혹은 핵심적인 메시지 전달에 불필요한 것들도 있을 수 있다. 또 기업이나 기관의 입장에서 봤을 땐 필요하지만, 반대로 메타버스 공간을 방문하는 대중들 생각에는 딱히 의미 없는 것도 있을 수 있다. 따라서 이런 상호작용의 의미를 일방적으로 판단하기보다는 빅데이터를 활용해 대중이 공감하는 상호작용을 파악할 필요가 있는 것이다. 올바른 선택을 위한 훌륭한 자료가 된다고 보면 좋을 것이다.

전반적인 가이드도 필요하다. 이 가이드는 메타버스를 만들어가는 설명서라고 생각하면 된다. 무턱대고 시도하는 것이 가장 위험하다. 특히 메타버스처럼 공간을 형성하고 상호작용을 만들어가는 작업은 가이드 없이 진행하면 방향성 자체가 흔들리는 경우가 많다. 게다가 메타버스는 상당한 비용과 시간이 필요한 작업이다. 가이드 없이 덤벼들면 비용과 시간을 낭비할 수 있으니 주의해야 한다. 또 유무선 네트워크도 필수적이라고 봐야 한다. 당연하게도 유무선 네트워크 없이는 메타버스 공간에 접근하는 것이 불가능하다. 다만 데이터 면에서 규모가 크기 때문에 성능과 속도 면에서 강점이 있어야 할 것이다. 정교하게 만들어진 메타버스 공간과 수많은 사람들의 상호작용을 처리할 능력이 반드시 필요하다. 데스크탑 환경이나 모바일 환경 등 대중들의 접속 방식이 다양할 것이라 '유무선'이라는 단어도 함께 강조될 필요가 있다. 이와 같은 유무선 네트워크의 필요성 때문에 메타버스의 개념을 두고 정보의 격차에 대한 문제가 제기되기도 한다. 네트워크 환경이 다소 부족한 지역이나 혹은 네트워크 적응도가 떨어지는 세대에게는 메타버스가 멀게 느껴질 수 있다는 것이다. 하지만 걱정부터 하지 말자. 끊임없는 최적화를 통해 데이터 처리 능력은 향상될 것이며, 기성세대의 네트워크 환경 접근성도 계속 나아지고 있다. 또한 많은 기업과 기관이 네트워크에 취약한 지역을 오히려 메타버스의 기회로 인지하고 있다. 평소 많은 정보를 접할 수 없어 기업과 기관의 메시지를 듣기 어려웠던 지역의 대중들에게 메타버스는 타깃 확장을 위한 새로운 기회라는 것이다. 이 같은 움직임을 통해 정보 격차는 해소될 것이며, 메타버스는 장기적으로 볼 때 정보의 편중을 해소하는 훌륭한 해답이 되어줄 것이다.

메타버스 시장의 규모는?

그렇다면 메타버스 시장의 규모는 얼마나 될까? 일단은 숫자보다는 기업의 움직임으로 규모를 판단해보자. 보통 애플과 같은 대형 IT기업이 무언가를 선점하려고 나서면, 해당 산업은 엄청난 가능성과 규모를 가지고 있다고 판단하는 경우가 많다. 페이스북은 이미 메타버스에 대한 고민과 로드맵을 가지고 있었고, 사명을 '메타'로 바꾸고 메타버스를 미래의 먹거리로 낙점했다. 애플은 VR헤드셋, 증강 현실 글라스로 몰입 경험을 최대치로 끌어올리기 위해 노력을 기울이고 있다. 이와 함께 AR과 VR도 한 단계 더 업그레이드되어 메타버스에 대한 적응을 돕는다. 이 움직임은 꼭 PC 뿐만 아니라 모바일, 콘솔 등 모든 플랫폼에서 이루어지고 있다. 어쩌면 IT와 소셜, 두 가지 주제에 대해 발을 담그고 있는 기업이라면 거의 대부분이 메타버스에 관심을 보이고 있는 상황이다. 미래의 우리가 맞이할 세상은 IT 중심일 것이다. 또 여기에 사회적 가치나 연결을 의미하는 소셜을 더하면 거의 대부분의 대상이 설명 가능해질 것으로 예상된다. 즉, 이렇게 중요한 부분을 담당하는 IT와 소셜이 메타버스에 최적화되고 있다는 사실은 미래 자체가 메타버스라는 확신을 가지게 만든다.

수치도 긍정적이다. 글로벌 시장조사업체 스트래지애널리틱스에 따르면 메타버스 시장의 규모는 2025년, 약 2800억 달러에 이를 것으로 예측되고 있다. 이와 함께 컨설팅 기업인 프라이스워터하우스쿠퍼는 2030년 메타버스 시장이 약 1조 5400억 달러에 이를 것으로 전망하고 있다. 비약적인 발전을 이룰 것이 명백한 것이다. 전 세계시장뿐 아니라 국내 시장의 전망치도 매우 밝다. 이미 대한민국은 디지털 전환을 가장 큰 목표로 삼고 있다. 효율성과 함께 기술의 정확성을 높여 4차 산업혁명에 대응하고, 이를 새로운 시장 개척의 수단으로 이용한다는 것이다. 이미 2025년까지 관련 사업에 총 46조 원을 투입한다고 밝혔으며, 특히 메타버스는 181개의 기업과 기관을 참여시켜 집중 육성하겠다는 기조가 확정되었다. 가상현실 공간이라는 단어 자체가 약간 추상적으로 느껴질지도 모르겠지만, 이렇듯 이미 수많은 통계는 메타버스의 가능성과 시장성을 인정하고 있다. 이제 메타버스를 미래를 선도할 '찐' 먹거리로 받아들여야 할 시점이 온 것이다.

02

메타버스, 왜 갑자기 주목받게 된 걸까?

뉴노멀의 기준, 메타버스를 새롭게 인지시키다

메타버스의 개념이 어제오늘의 일은 아니다. 앞에서 말한 대로 1992년에 소설에 등장했고, 2000년대에는 각종 게임에서 나왔다. 즉, 어디에서 갑자기 툭하고 떨어진 단어가 아니라는 것이다. 조금씩 발전해온 것은 사실이지만, 아예 생소한 개념은 아닌 것이 분명하다. 우리 또래 역시 끊임없이 발전하는 그래픽에 감탄하며 각종 가상현실 공간을 구현한 게임을 즐기며 자랐다. 당시 메타버스라는 단어를 사용하지는 않았지만, 메타버스를 접했을 때 어색하지 않았던 이유는 바로 여기에 있다.

그렇다면 한 가지 의문이 생긴다. 갑자기 툭하고 튀어나온 개념이 아니라면, 도대체 왜 갑자기 주목을 받게 된 것인가? 어떤 계기나 현상이 있었던 걸까?

답은 매우 쉽다. 뉴노멀의 기준이기 때문이다. 뉴노멀은 시대의 변화에 따라 새롭게 떠오르는 기준이나 표준을 뜻하는 단어다. 코로나19라는 팬데믹을 겪으며 달라진 일상의 모습이나 생각들도 모두 뉴노멀에 속한다. 팬데믹은 우리의 삶 자체를 언택트(Untact), 흔히 말하는 비대면으로 바꿔놓았다. 업무, 학업, 생활, 쇼핑, 문화, 스포츠 등 거의 모든 분야가 대면하지 않고 상호작용하는 법을 고민해야 했다. 사실 비대면은 어색하지 않았다. 우리는 이미 무인 주문을 가능하게 하는 키오스크를 사용해왔고, 온라인 교육을 받았다. 이렇듯 대면하지 않고 상호작용하는 일들을 주변에서 경험해오고 있었다. 하지만 언택트 환경은 한 가지 아쉬움이 존재했다. 사람의 온기가 전혀 느껴지지 않았던 것이다. 너무 거창한 말일 수도 있지만, 실제로 그랬다. 단순한 언택트는 스스로 궁금한 것들을 해결하지 못했다. 거대한 공간 안에 마치 혼자 서 있는 듯한 느낌을 주었고, 현실에서 일어나는 사회적 커뮤니케이션을 전혀 반영하지 못했다. 게다가 언택트로 전환하는 속도가 너무 빨랐기 때문에, 이를 충분히 이해할 시간도 부족했고 방법을 찾아내는 것이 다소 버겁게 느껴졌다.

단적인 예로 챗봇을 생각해보자. 챗봇은 대부분 빅데이터를 활용해 대중들이 가장 많이 묻는 것들을 체계적으로 정리해두었다. 이 로직에 따라 대중들의 궁금증을 해결해주는 방식이다. 물론 대중들이 가장 많이 찾는 질문이기에, 큰 이변이 없는 한 챗봇 안에서 언택트로 문제를 해결할 수 있는 가능성은 높았다. 하지만 대중들은 각자의 생각과 가치가 있다. 각자 마주하고 있는 환경이나 활용도도 다르다. 챗봇의 데이터 환경을 벗어나는 질문이 필요하면, 챗봇은 어김없이 한계를 노출하곤 했다. 마주하는 누군가가 있었다면, 혹은 네트워크 환경 안에서라도 누군가와 연결될 수 있었다면 답답함은 크게 줄어들 수도 있었을 텐데 말이다.

그래서 언택트를 넘어선 온택트(Ontact)가 주목받기 시작했다. 온택트란 언택트 환경에 연결을 추가한 개념이다. 단순히 비대면이 아니라 나와 다른 누군가가 상호작용을 벌인다. 예를 들자면 녹화형 온라인 강의는 언택트고, 각종 플랫폼을 활용한 실시간 라이브 강의는 온택트다. 채팅에 반응하지 못하는 일반적인 커머스는 언택트고, 채팅에 반응하며 실시간으로 소통하는 라이브커머스는 온택트다. 온택트는 언택트의 아쉬움을 채워주며 많은 사람들에게 메시지를 던졌다. 단순히 세미나를 중계하지 않고 웨비나(웹세미나)를 통해 실시간으로 반응한다. 공연 역시 현장 송출을 넘어 채팅에 반응하고 소통하는 방식으로 변화했다. 자, 여기까지만 봐도 메타버스가 뜨거운 개념으로 등장한 이유를 눈치 챘을 것이라고 생각한다. 바로 온택트의 강점을 그대로 지닌 것이 메타버스이기 때문이다.

만약 메타버스가 단순히 언택트로 덩그러니 가상공간만 제공했다면 이렇게까지 주목받는 개념이 되진 않았을 것이라 생각한다. 메타버스는 현실과 똑같은 경험과 상호작용이 존재했다. 또 언택트가 가지고 있었던 아쉬움 대신, 온택트가 추구하는 연결과 소통에 강점이 있었다. 이미 뉴노멀의 시대를 맞아 기업과 기관들은 새로운 방식에 적응하기 위한 방법을 찾으려 애쓰고 있었던 상황이었다. 언택트까지는 빠르게 적용했지만, 온택트는 쉽지 않았던 상황에서 메타버스가 눈에 들어온 것이다. 가상공간이다 보니 눈에 띌 만한 신기함도 존재했고, 상호작용 역시 역동적이었다. 그러니 뉴노멀의 기준에서 가장 입체적이고, 가장 많은 커뮤니케이션이 오갈 수 있는 대상으로 관심을 받게 된 것이다. 즉, 메타버스는 우연히 떠오른 개념이 아니라 필연적으로 등장할 수밖에 없었던 트렌드에 최적화된 대상이라는 것을 알 수 있다.

온라인 최적화도 중요하다. 이 개념은 뉴노멀과 깊은 연관이 있다. 코로나19가 모든 것을 온라인으로 돌려버렸기 때문이다. 하지만 코로나19가 전부는 아니다. 팬데믹 이전에도 우리는 온라인 환경에 무척 가까워지고 있었기 때문이다. 사실 네트워크에 접속만 가능하다면, 온라인은 다른 공간에 있는 사람들을 하나로 묶어주는 요긴한 역할을 수행했다. 교육을 예로 들어보자. 온라인 교육은 어디서나 들을 수 있는 강점이 있다. 예전 같았으면 일명 '1타 강사'의 강의를 듣기 위해 새벽부터 줄을 서서 기다렸겠지만, 지금은 해당 강사의 인터넷 강의를 들으면 그만이다. 게다가 이 인터넷 강의는 네트워크 환경만 있다면 어디서나 접근 가능하다. 과거에는 격차가 존재했던 이들을 하나로 연결시키고 있는 것이다. 온라인 쇼핑 역시 마찬가지다. 가장 편리한 방법으로 가지고 싶었던 물건이나 꼭 필요한 물건들을 손에 넣을 수 있다. 굳이 컴퓨터를 켤 필요도 없다. 모바일 최적화가 모두 이뤄진 지금은 스마트폰만 있으면 세상 모든 물건을 사고팔 수 있다. 이렇듯 일상의 많은 행위가 온라인 최적화를 따라가면서, 기업과 기관은 온라인으로 메시지를 전달하고 상호작용하는 것을 가장 최우선 과제로 천명하게 되었다. 온라인 최적화가 없다면, 타깃 대중과의 접점 줄이기도 없다는 절박한 과제를 손에 떠안게 된 것이다. 그렇다면 온라인에 최적화된 방법이 필요해진다. 멀리 볼 필요가 없다. 계속해서 언급해온 메타버스가 하나의 답이 된 것이다. 메타버스는 그 자체가 온라인에 존재한다. 그러니 온라인 최적화는 외면하고 싶어도 절대 외면할 수 없는 필수불가결한 요소가 되었다. 이미 온라인에 최적화된 대상이 있는데 굳이 마다할 필요가 있을까? 기존에 시도해온 수많은 온라인 최적화 플랫폼은 이미 대중들에게 익숙하다. 또 해당 플랫폼에서 나온 콘텐츠도 거의 포화상태에 가까웠다. 새롭다는 인식을 주기 어려운 상황이었던 것이다. 하지만 메타버스는 각자의 공간을 다르게 만들 수도, 상호작용의 다변화를 고민할 수도 있기 때문에 지루할 틈이 없다. 어쩌면 온라인 최적화에 가장 완벽한 답안 중 하나라고 할 수 있다. 즉, 메타버스는 모두가 주목할 이유가 충분했던 것이다.

게다가 빨라지는 네트워크 능력도 한몫을 담당했다. 5G로 상징되는 모바일 환경과 날이 갈수록 발전하는 인터넷망의 속도는 방대한 양의 데이터를 처리하는 과정을 매우 편리하게 만들었다. 유튜브에서 화질 좋은 영상을 끊김 없이 볼 수 있는 것도 모두 이런 영향이라고 보면 된다. 중요한 것은 이렇게 데이터 처리 능력이 향상된 네트워크에서 더 이상 글이나 단순 SNS포스팅으로 승부할 필요가 없다는 사실이었다. 이런 데이터 처리 능력을 두고도 여전히 글과 이미지에 집중하는 것은 어쩌면 초고사양 컴퓨터를 두고 문서 작업만 하는 것과 같다. 이미 환경이 펼쳐져 있는데 100퍼센트 활용을 못하는 상황인 것이다. 그래서 기업과 기관은 눈을 돌리기 시작했다. 상당한 데이터를 처리하는 프로젝트도 충분히 시도할 수 있으니 말이다. 하지만 그렇다고 해서, 기업과 기관이 풀 3D게임을 개발해 커뮤니케이션을 시도하는 것은 불가능하다. 그럴 이유가 없는 것이다. 결국 관심은 돌고 돌아 메타버스와 같이 직접 개발에 나서 각자의 상호작용을 벌일 수 있는 수단으로 집중될 수밖에 없다. 기업과 기관의 최종 목표는 당연히 무언가 시도해 그들만의 방식으로 확실한 정체성을 대중들에게 보여주는 것이다. 비교적 마음껏 상상력을 발휘하며 대중의 상호작용을 이끌어낼 수 있는 메타버스는 그래서 데이터 처리 능력이 올라간 시대의 '총아'가 되었다.

MZ세대는 이미 메타버스형?

MZ세대가 메타버스에 익숙하다는 것도 메타버스가 중요한 개념이 되는 데 큰 역할을 했다. MBTI라고 하는 '성격 유형 테스트'가 큰 인기를 누렸다. "MBTI가 뭐냐?"는 질문이 상대방을 이해하는 첫걸음이 될 정도로 많은 사람들이 관심을 가졌다. 굳이 이렇게 대세가 되어 있는 MBTI의 형식을 빌리자면, MZ세대는 메타버스에 관해서는 ENFJ(현재와 미래를 동시다발적으로 고려하는 유형)일 것이다. 이미 현재에도 메타버스에 익숙하고, 또 미래에서도 익숙할 테니 말이다.

일단 기본적으로 1981년부터 시작해 2010년대까지의 출생 세대를 가리키는 MZ세대라는 용어는 이미 널리 사용되고 있고, 새로운 흐름의 중심에 서서 소비를 선도하는 세대로 인식되고 있다. 이들은 대부분 어렸을 때부터 3D게임을 쉽게 접했고, 각종 모바일 기기를 통해 인터넷 환경에 대한 적응력을 최대치로 끌어올린 세대다. 대면 소통만큼이나 스마트폰을 활용한 사회생활을 경험하며 자랐다. 즉, 그간 숱하게 시도되어 온 가상공간에 대한 모든 요소를 매우 친숙하게 일상에서 접해왔다는 것이다. 따라서 기존 가상공간의 개념에 현실과의 연결을 추가한 메타버스의 개념은 조금 더 업그레이드 된 것일 뿐, 전혀 어색하지 않다는 것이 핵심이다. 이는 새로운 콘텐츠를 접했을 때 그만큼 빠르게 받아들일 수 있다는 것을 의미한다. 즉, 메타버스는 MZ세대가 빠른 속도로 받아들일 수 있는 새로운 경험의 한 측면으로 핵심적 역할을 수행할 수 있다. 주목의 이유가 명확하다는 것이다.

또 메타버스 활용의 한 방법이라 할 수 있는 NFT에도 익숙하다. NFT는 대체 불가능 토큰으로 희소성을 갖는 디지털 자산을 의미하는 단어다. 이 자산은 온라인 환경에서 구현 가능한 것이라면 무엇이라도 가능하다. MZ세대는 이미 게임 내에서 아이템 거래를 해왔다. 게다가 아바타를 꾸미기 위한 물품 구매에도 기꺼이 돈을 써본 경험이 있다. NFT라는 개념이 등장하기 전에도, 가상현실 공간에서의 소비가 가치를 지닌다는 것을 알고 있었다. 이런 아이템이나 가상의 물품 구매는 기성세대에게는 없었던 일이다. 그래서 "그런 걸 왜 돈 주고 사냐?"는 물음 때문에 때때로 세대 갈등에 불씨가 되기도 했다. 중요한 것은 이제 기성세대도 스스로의 소셜 환경을 위해 이모티콘 등을 구매하며 이런 소비를 이해하고 있다는 사실이다. 즉, NFT라는 개념에 익숙한 세대와 익숙하지 않은 세대가 모두 가상공간에서 행해지는 소비에 대해 이해력을 갖추고 있다는 뜻이 된다. 물론 핵심은 MZ세대다. 메타버스와 연결되는 NFT까지 완벽히 인지하는 MZ세대가 있기에 메타버스는 트렌드의 중심에 설 수 있었다.

또 다른 한 가지는 소비 트렌드를 지배하는 펀슈머 성향이다. 펀슈머란 펀(Fun)과 컨슈머(Consumer)의 합성어로 다양한 흥미 요소를 중심 가치로 두고 소비하는 대중을 뜻하는 단어다. MZ세대는 모든 일을 놀이처럼 행한다고 말들 한다. 심각한 고민보다는 적절한 정보 수집을 통한 가치 판단을 기준으로 정말 놀이를 즐기듯 선택을 이어간다. 그래서 놀면서 투자하고, 놀면서 소비한다는 말이 나오는 것이다.

NH슈퍼스톡마켓 팝업 스토어는 정말 재미가 있었다(출처: NH투자증권)

편슈머 성향을 일찌감치 인지한 기업들은 수많은 놀거리들을 내놓기 시작했는데, NH투자증권의 〈NH슈퍼스톡마켓〉은 대표적인 사례다. 더현대 서울에 문을 열었던 이 팝업스토어는 쇼핑하듯이 주식투자를 경험해 보는 공간이다. 휴대폰 NFC 태깅을 이용해 가상 시드머니 1억 원으로 주식을 사보기도 하고, 굿즈를 제공하기도 한다. 주식이나 투자를 딱딱한 개념으로 접근하지 않고, 놀이처럼 인지하는 MZ세대에게 특화된 마케팅 방식이었다고 볼 수 있다. 이 사례를 보며 조금 생각을 바꿔보자. 물론 오프라인도 좋겠지만, 이 경험을 메타버스로 바꿔 놓으면 어떻게 될까? 메타버스 플랫폼을 활용해 실제 공간을 만들고, 모의투자를 상호작용으로 배치해 대중들과 소통할 수 있을 것이다. 특히 오프라인 공간에 방문하기 어려운 대중들까지 흡수하기에 좋은 기회가 될 수도 있다. 메타버스 공간에 접근하는 것은 자체로 놀이에 가까운 행동이다. 메타버스가 제공하는 인터페이스나 아바타의 모습들이 전반적으로 심각한 상황이기보다는 가볍고, 톡톡 튀는 감성이 넘치기 때문이다. 그렇다. 만약 이 공간을 메타버스로 구현했다고 하더라도, 대중들은 놀이의 한 측면으로 주식과 투자를 접했을 것이다. 펀슈머 성향을 만족시키기에 충분했을 것이라는 뜻이다.

앞으로의 우리가 대중들을 맞이할 환경은 더욱더 놀이처럼 변해갈 것이다. 이미 대중들은 광고보다는 콘텐츠에 가까운 '브랜디드 콘텐츠'를 더 좋아한다. 또 놀이처럼 즐길 수 있는 프로젝트에 큰 관심을 보이고 있다.

쓰레기 줍고 레저를 즐기면 굿즈가 쏟아진다?!(출처: 곰표)

물론 메타버스와는 큰 연관이 없지만, 곰표의 플로깅 하우스를 보자. 플로깅은 쉽게 표현하면 쓰레기를 줍는 것이다. 곰표는 인기를 얻은 각종 굿즈를 산 정상에 두고, 큰 쓰레기 포대를 하나씩 나눠주었다. 이 포대에 쓰레기를 주워 담으며 정상까지 올라오면 인기 있는 굿즈로 바꿔주는 방식이었다. 플로깅 하우스의 핵심은 자연을 생각하는 사회적 가치였겠지만, 이 프로젝트에 참여한 대중들은 과정 자체를 편하게 받아들였다. 등산이 레저나 취미의 한 종류이니 당연했을 것이다. 대중은 이 플로깅 하우스를 마케팅이나 브랜딩의 한 갈래로 받아들이기보다는 등산하고 쓰레기를 주우니 굿즈를 주는 하나의 놀이로 인식했을 가능성이 높다. 이렇듯 놀이처럼 편하게 인지할 수 있는 프로젝트의 파급력은 계속해서 높아질 것이고, 종류도 많아질 것이다. 또 모든 것을 놀이처럼 편하게 인식하고 싶은 MZ세대의 펀슈머 성향은 이 과정에 속도감을 더할 것으로 예상된다. 그러니 놀이처럼 접근하는 메타버스의 주목은 필연적이었고, 가능성은 더 무궁무진하다. 메타버스가 어느 날 갑자기 예고 없이 찾아온 개념이 아니라는 것은 이제 명확해졌다. 다 주목받아야만 하는 이유와 배경이 되는 트렌드가 있었던 것이다.

03

메타버스는 그 자체로 콘텐츠다

콘텐츠가 되어야 하는 시대

메타버스의 이해를 위해선 '콘텐츠'가 중심이 되는 시대의 트렌드를 고려할 필요가 있다. 트렌드를 이해하면 메타버스의 본질이 좀 더 뚜렷하게 보인다. 앞에서 잠깐 말했지만, 일명 '브랜디드 콘텐츠'의 시대가 열렸다. 브랜디드 콘텐츠란 마케팅 효과를 위해 단순한 광고를 사용하는 것이 아니라, 콘텐츠를 기획해 부담 없이 대중들이 다가올 수 있는 공간을 확보하는 것이다. 이 기조는 특정 분야에 적용되는 것이 아니라 모든 업계에 통용되는 개념이 되고 있다.

예를 들면 침대 브랜드인 시몬스는 매번 기존과는 다른 방향성을 보여주는 광고에 집중한다. 여기까지만 들으면 의문이 들 것이다. 방금 단순한 광고를 사용하지 않는 것이 브랜디드 콘텐츠라고 했는데, 바로 광고에 집중한다고 하니 말이다. 말 그대로 방향성 자체를 바꿔놓았다. 시몬스는 침대를 등장시키는 것 대신, 메시지에 전력을 기울인다. 대부분의 광고에 주력 상품인 침대가 등장하지 않는다. 또 감각적인 음악을 통해 마치 뮤직비디오를 보는 듯한 느낌을 받게 만든다. 그래서 유독 시몬스 광고가 새로 나오면 배경음악이 무엇인지 묻는 게시물이나 댓글이 많다. 이렇듯 대중들은 시몬스의 광고를 일종의 콘텐츠로 인식하고 있고, 덕분에 광고임에도 유튜브에서 많은 조회수를 기록한다. 이런 사례는 많다. 삼성전자도 갤럭시 시리즈 광고를 위해 제품 영상과 함께 예능 콘텐츠를 선보이기도 했다. 모두가 '콘텐츠화'에 열을 올리고 있다는 사실을 반드시 기억해야 한다.

메타버스가 곧 콘텐츠다

이런 트렌드를 볼 때, 메타버스는 매력적인 답안이다. 그 자체로 콘텐츠이기 때문이다. 몇 가지 이유를 살펴보자.

첫 번째는 내러티브 구조다. 모든 콘텐츠에는 내러티브, 다른 말로는 이야기 구조가 존재한다. 이 구조가 허술하면 대중들은 의미 있는 콘텐츠라 생각하지 않으며, 치밀하면 공감하고 좋은 콘텐츠로 판단하게 된다. 몰입감을 결정하는 요소가 바로 내러티브 구조이기도 하다. 앞 장에서 메타버스의 몰입감을 더하는 많은 기기들에 대해 간략히 설명하고 넘어왔는데, 내러티브 역시 푹 빠져드는 이유 중 하나가 된다. 이렇게 이해해보면 좋다. 드라마 한 편을 본다고 가정해보자. 등장인물 간의 관계가 치밀하게 엮이고, 예측하기 어려울 정도로 흥미진진한 이야기를 들려준다면, 해당 드라마를 계속 볼 수밖에 없을 것이다. 하지만 등장인물들이 허술하고, 이야기 구조 역시 뻔한 방식으로 이어진다면 끝까지 보긴 어려울 것이다. 대부분의 콘텐츠도 똑같다. 모든 콘텐츠에는 의미 있는 내러티브 구조가 필요하다.

메타버스는 단순하게 가상공간만 구현하는 작업이 아니다. 이 공간에 어떤 메시지를 담을 것인지, 이 메시지는 어떤 아이템들을 통해 이야기할 수 있을지 열정적으로 고민하고 해답을 찾아야 한다. 단편적인 가상공간에, 고민 없이 배치한 가상 아이템들은 방문을 유도할 수는 있겠지만 상호작용을 일으키기는 어렵다. 또 재미를 느끼기 어려워 체류 시간이 급격하게 하락할 가능성이 높다. 이 정도 상황이면 재방문은 이미 요원할 것이다. 그만큼 치밀하게 준비해야 한다. 현실적으로 보자. 메타버스 자체가 비용이다. 개발비부터 시작해서 관리하는 인력까지 생각하면 매우 쉽게 지우고 쓸 수 있는 '메모' 같은 존재가 아니다. 이 비용과 노력이 헛되지 않게 하려면, 반드시 내러티브가 존재해야 한다. 그리고 이 내러티브 요소가 메타버스 자체를 콘텐츠로 인지하게 만드는 데 큰 도움을 줄 것이다.

두 번째는 참여의 가능성이다. 이제 대중은 참여할 만한 요소가 없으면 딱히 콘텐츠라고 생각하지 않는다. 평면적이고 밋밋한 광고로 인식한다. 이유는 명확하다. 의미 있는 행동이 전혀 존재하지 않기 때문이다. 오디션 프로그램을 한번 떠올려보자. 사실 냉정하게 말하자면, 오디션 프로그램 자체가 거대한 마케팅이다. 우리는 오디션 참가자에게 끊임없이 노출되고, 그들의 가능성을 계속해서 인지하게 된다. 당연하게도 이런 마케팅에 노출되어 있으니 이들이 데뷔했을 때 빠르게 지지할 가능성도 높아진다. 하지만 오디션 프로그램을 지켜보는 대중들은 마케팅이라는 인식보다는 콘텐츠로 생각하게 된다. 이유는 명확하다. 참여하기 때문이다. 대부분의 오디션 프로그램은 투표 제도를 활용한다. 투표에 따라 다음 라운드에 진출할 사람들이 가려지기도 한다. 이렇게 결과를 바꿀 수 있는 참여를 하며 대부분의 대중들은 콘텐츠를 스스로 만들어간다는 만족감을 느낀다. 그래서 오디션은 언제나 뜨거운 개념이 되고 있는 것이다.

참여가 가능한 몇몇 마케팅 프로젝트도 결과 면에서 남달랐다. 진라면의 경우를 보면, 진라면은 순한맛과 매운맛이 있다. 그래서 순한맛을 선호하는 사람들을 일명 '진순파', 매운맛을 선호하는 사람들을 '진매파'라고 부른다. 이렇게 취향이 갈려서 투표를 진행하는 마케팅을 펼쳤다. 순한맛과 매운맛 중 무엇이 더 좋으냐는 단순명료한 참여형 마케팅이었다. 그런데 생각지도 못한 성과가 있었다. 투표 자체는 치열한 경합 끝에 매운맛이 이겼다. 주목할 만한 것은 판매 수치였는데, 투표가 진행되는 기간 동안 진라면의 매출은 해당기간 전년 대비 17.8퍼센트가 증가했다. 트위터에서 해시태그로 측정되는 언급량 역시 51배나 급등하는 모습을 보였다. 사실 냉정하게 보면 별거 아닌 투표였다. 하지만 결과를 스스로 만들어내는 참여형 프로젝트에 대한 관심은 생각보다 훨씬 뜨거웠고, 매출 상승을 견인하는 요소가 되었다. 진라면 입장에서는 당연히 마케팅이었지만, 참여하는 대중들은 콘텐츠로 인식했을 가능성이 높다.

이렇듯 참여에 대한 대중들의 니즈는 상당히 높은 편이다. 참여를 통해 결과를 만들어가는 과정도 좋고, 참여하고 있다는 감정도 좋다. 무엇이라도 참여하고, 의미 있는 일을 했다는 마음이 중요한 것이다. 이 관점에서 보면 메타버스는 아주 적합한 요소가 많다. 메타버스 공간 내에서 벌어지는 상호작용 자체가 참여고, 메타버스에서 진행하는 행사가 곧 참여다. 즉, 참여를 유발하는 다양한 방법 중 하나가 바로 메타버스고, 그래서 콘텐츠로 인식될 가능성이 다분하다고 판단하는 것이 가능할 것이다.

세 번째는 익숙함이다. 앞 장에서 언급하고 넘어왔지만, MZ세대는 이미 메타버스가 제시하는 개념이 어색하지 않다. 과거부터 경험해온 다양한 요소의 일부이기 때문이다. 이런 친숙함은 콘텐츠로 인식하게 만드는 데 큰 역할을 담당한다. 단적으로 생각해보자. 이미 3D게임을 즐겨온 사람에게 메타버스 공간 내에서 체험 가능한 게임형 마케팅 요소를 제공한다면, 이 사람은 광고라는 생각보다는 게임으로 인식할 가능성이 높다. 익숙함이 곧 매력이 되는 것이다.

물론 빠르게 돌아가는 미디어 환경은 늘 새로움을 요구한다. 새로운 경험이 아니라면 대중들은 잘 반응하지 않고, 그래서 많은 고민이 뒤따르는 것이 사실이다. 하지만 새로움 못지않게 익숙함은 기존 개념을 그대로 이어가는 하나의 '연결성'을 제공하기도 한다. 그래서 똑같은 것이 반복되지 않는 이상, 익숙한 경험에 대해서도 반드시 고민해야 할 필요성이 있다.

카드뉴스를 생각해보자. 그간 SNS 공간에서 정말 수없이 접해온 콘텐츠다. 흥미로운 것은 명확한 광고 메시지임에도 불구하고 오른쪽에서 왼쪽으로 넘기는 '스와이프'를 시도하는 사람들이 꽤 많다는 것이다. 그래서 카드뉴스는 여전히 버릴 수 없는 '카드'고, 많은 마케팅에서 사용되고 있다. 이유는 간단하다. 숱하게 접해왔으니, 습관적으로 넘기게 되는 것이다. 나 역시 마찬가지다. 광고라는 것을 알면서도 넘겨보는 일이 많다. 이런 습관적 스와이프는 어쩌면 콘텐츠 플랫폼에 대한 익숙함이 한몫을 담당하고 있을지도 모른다. 콘텐츠와 광고가 혼재되어 있는 카드뉴스라는 플랫폼을 접해오며 생긴 익숙함이 콘텐츠일지도 모른다는 기대감을 자극하는 것일 수도 있다. 그러니 익숙함이란 디지털마케팅 환경에서 콘텐츠라는 인식을 하게 만드는 한 가지 요소가 된다.

그래서 메타버스에 익숙한 MZ세대는 메타버스 공간의 목적과는 상관없이 콘텐츠라고 인식할 가능성이 높다. 이렇게 접근하면 마케팅 노출 효과는 극대화될 것이며, 많은 사람들이 방문하는 원동력이 된다.

3가지 측면을 모두 고려하면, 메타버스 자체가 콘텐츠라는 확신이 생긴다. 그래서 시도해야 하고, 또 그래서 메타버스의 속뜻을 읽어야 하는 것이다.

메타버스의 콘텐츠화, 무엇을 신경 써야 하나?

이렇게 콘텐츠로서 매력적인 기능을 하는 메타버스지만, 단순히 시도하고 접근한다고 해서 다 콘텐츠가 되어 대중들에게 다가가는 것은 아니다. 메타버스가 콘텐츠가 되려면 다음 3가지 요소를 신경 쓸 필요가 있다.

먼저 '목적'이다. 가장 기본이 되는 요소임에도 불구하고, 목적을 뚜렷하게 정하지 않은 채 공간 구축에만 매달리는 사례가 많다. 목적이 불분명하면 메타버스도 의미를 가지지 못한다. 콘텐츠로 인식되기보다는 '남들이 하니 따라하는' 애매한 프로젝트로 보일 수 있다. 목적은 크게 2가지로 나눌 수 있다. 보통은 기업이나 기관의 가치를 우선으로 둔다. 집단에서 가장 중요하게 생각하는 방향성을 중심으로 삼는 것이다. 그러니 메타버스 공간을 구축하기 전에 "우리는 왜 운영을 하고 있는 것인가"에 대한 답을 찾아야 한다. 대부분 바쁜 업무에 밀려 이 메시지에 대한 답을 창업 정신이나 설립 목적에서 찾는다. 하지만 이렇게 딱딱한 이야기를 제외하고, 현 시점에서 가장 중요하게 생각하는 방향성에 대해 반드시 고민해야 한다.

대학교의 실용적 가치는 역시 취업이 아닐까?(출처: 중앙대학교)

중앙대학교는 메타버스 채용박람회를 개최했다. 다른 측면에서 생각해보면, 캠퍼스 투어나 대학의 가장 핵심적인 부분을 간접 체험하게 하는 방식도 가능했을 것이다. 혹은 건학정신을 메타버스에 녹여내는 방법도 고민해볼 수 있었을 것이라 생각한다. 하지만 현 시점에서 가장 실용적 가치를 찾았다. 바로 취업이다. 대학생들이 가장 관심 있어 할 만한 주제다. 메타버스 채용박람회를 통해 중앙대학교는 메타버스라는 트렌드도 반영하고, 시도의 목적도 명확히 말할 수 있었다.

또 다른 목적은 사회적 가치다. 가치소비의 시대라는 말들을 한다. 다음 장에서 한 번 더 사례를 보며 설명하겠지만, 소비의 판단 기준 중 하나가 '가치'가 된 것이다. 실제로 MZ세대는 기업의 친환경활동 여부를 소비 선택의 기준으로 활용한다는 통계가 많다. 또 친환경으로 상징되는 ESG 경영, 한정판과 리셀 시장이 대변하는 한정적 가치, 그리고 각자의 생각을 반영하는 취향의 가치 등 다양한 가치를 추구하며 세상을 바라보고 있다. 따라서 메타버스 공간에서 가치를 말하는 것은 충분히 의미 있는 일이며, 긍정적 브랜딩을 이끌어내는 수단이 될 수 있다.

NH농협은행의 선택은 '독도버스'였다.(출처: NH농협은행)

NH농협은행은 금융과 관련된 메타버스를 선보이기도 했지만, 딱히 관련이 없어 보이는 '독도버스'를 함께 제시했다. 독도버스는 가상공간 속 독도에서 아바타를 생성해 농사, 낚시, ESG활동 등을 하는 메타버스 플랫폼이다. 이 활동을 하며 대중들은 자연스럽게 NH농협은행이 전개해놓은 가치에 노출되며, 특히 ESG에 대한 개념을 습득하게 된다. NH농협은행의 메타버스 접근은 가장 핵심적인 주제인 금융과 함께 사회적 가치까지 챙기는 좋은 사례로 메타버스가 지향해야 하는 목적 2가지를 모두 충족시켰다고 보면 좋을 것이다.

두 번째는 '방향'이다. 이 부분은 아주 쉽게 설명이 가능하다. 우리가 말하고 싶은 것보다는 대중들이 듣길 원하는 것을 중점으로 메타버스를 구성해야 한다. 쉬워 보이지만 대부분 달성하지 못하는 방향성이다. 메타버스는 공간을 구성하는 주체가 뛰어놀 공간이 아니다. 이 공간을 방문하는 대중들이 여러 가지 상호작용을 벌여야 하는 공간이다. 그렇다면 그들의 기호나 생각을 반영하는 것이 맞다. 그럼에도 기획 단계부터 기업이나 기관 중심으로 돌아가기에, 대부분의 대중은 콘텐츠보다는 광고로 인식하고 빠르게 해당 공간을 떠나게 된다.

대중들의 목소리를 들을 수 있는 공간이 많다. 각종 커뮤니티의 글을 참고하자. 트위터나 인스타그램의 해시태그를 활용해 언급되어 있는 내용들을 체크한다. 유튜브의 커뮤니티 기능을 활용해 설문을 진행하고 의견을 수렴한다. 쉽고도 빠른 방법이 너무나 많다. 이제는 대중들의 목소리를 몰랐다는 것은 핑계밖에 되지 않는다. 나는 언제나 모든 정보의 방향성을 변경하라고 조언한다. 대중들이 우리에게 원하는 것이 무엇인지, 그리고 대중들이 우리에게 기대하는 정보가 무엇인지 파악하지 못한 상태에서 접근하는 모든 분야는 큰 의미가 없다. 혼자서 하는 1인극, 모노드라마가 될 가능성이 매우 높다. 메타버스도 그렇다. 우리만 알고 있고, 우리만 방문하는 공간이 되면 실패했다고 보는 것이 맞다. 그러니 대중들의 의중을 파악하고 적극적으로 반영하는 기획으로 초기 단계부터 콘텐츠화를 노리기 바란다.

세 번째는 '활용'이다. 도대체 우리의 공간이 어떻게 활용될 수 있을까? 이 부분을 주목해야 한다. 이 부분은 매우 중요하다. 메타버스 효율성을 높이는 고민이기 때문이다. 사실 메타버스를 단기간에 활용하고, 이후에는 신경 쓰지 않을 것이라면 이 고민은 하지 않아도 된다. 하지만 메타버스는 이제 시작이다. 앞으로 많은 플랫폼과 함께 더 많은 이슈가 발생할 것이 확실하다. 계속해서 활용하고 발전시켜 나갈 필요가 있다. 일회성으로 진행할 만한 프로젝트가 아니라는 것이다. 그러니 우리의 목적과 방향성을 제외한 또 다른 활용도에 대해 반드시 고민할 필요가 있다.

인증 대란이 불러온 효과는 확실했다.(출처: 롯데월드)

롯데월드는 메타버스를 통해 실제로도 존재하는 '매직 아일랜드'를 구현했다. 사실 처음 목적은 코로나19로 인해 오프라인 접근에 어려움이 있는 대중들을 상대하겠다는 것이었다. 하지만 롯데월드 측은 한 가지를 더 생각했다. 바로 활용이다. 단순히 방문하는 게 아니라 의미 있는 경험을 통해 인증샷 등 2차적인 콘텐츠가 나올 수 있다는 것을 고려했다. 본래의 목적은 메타버스 구현이었겠지만, 인증샷 명소라는 또 다른 활용이 나오게 된 것이다. 활용에 대한 고민은 결과로 이어졌다. 실제로 오픈일 기준 3주 만에 300만 명이 다녀갔고, 각종 대표시설들을 체험하며 쏟아진 인증샷은 제페토 내에서 롯데월드 관련 게시물의 숫자를 100개에서 27만 개까지 급증시켰다. 특히 대중들이 관심을 가진 포토존이 공유되며 더 큰 화제를 모았다. 이 수치는 앞서 지적한 대로 오픈일 기준 3주까지의 수치이며, 지금은 훨씬 더 큰 폭으로 증가했을 것이다. 물론 롯데월드의 타깃 특성상, 매직 아일랜드 자체를 그냥 구현해놓는 것만으로도 꽤 좋은 반응을 얻었을 것이라고 생각한다. 하지만 단순히 구현하는 데 집중하고, 이후 활용에 대한 생각을 하지 못했다면 이 정도의 결과를 내지 못했을 것이다. 롯데월드의 메타버스 공간은 앞으로도 업데이트 및 대중들의 반응을 통해 더 많은 인증 명소가 생길 것이고, 화제의 중심에 계속 서 있을 가능성이 높다. 메타버스를 콘텐츠로 만들어가기 위해서는 이런 활용에 대한 고민을 반드시 해야 할 것이다.

04

NFT, 어떻게 바라 봐야 하나?

믿을 만한 가치, NFT

앞 장에서 잠깐 언급하고 넘어왔던 NFT(Non-Fungible Token)는 메타버스 이해를 위해 꼭 필요한 개념 중 하나다. NFT는 '대체 불가능한 토큰'이라는 뜻이다. 매우 쉽게 설명하면 가상의 자산인데, 블록체인에서의 토큰을 다른 토큰으로 마음대로 대체하는 것은 불가능하기에 확실한 가치를 지닌다. 또 자산 소유권을 명확히 할 수 있어 주목받는 개념이다. 소유권에 대한 부분이 뚜렷한 탓에 미술, 음악, 출판, 부동산, 게임 등 다양한 분야에서 활용이 가능하다.

NFT는 블록체인을 기반으로 한다. 블록체인이 믿을 만한 이유 중 하나가 바로 '기록'이다. NFT 역시 판매에 대한 이력, 소유권, 최초 발행자 등 다양한 정보가 모두 남는다. 따라서 위조 등의 부정한 사용을 막을 수 있다. 자산을 지키고, 그 가치를 더 키우고 싶어 하는 대중들에게 관리도 편하고 믿음이 가는 NFT의 특징은 큰 힘이 되고 있다.

NFT의 시작은 의견이 많지만, 다수는 2017년 '대퍼랩스((Dapper Labs)'라는 회사가 개발한 〈크립토키티(CryptoKitties)〉를 꼽는다. 크립토키티는 NFT 속성을 가진 고양이들을 교배해 자신만의 고양이를 만들어내는 게임이다. 2017년에 이 게임의 NFT 고양이가 11만 달러에 거래되면서 엄청난 화제가 되었다.

시작은 게임이었지만, 이제 NFT의 가능성은 무궁무진하다. 이미 디지털 미술 작품 시장은 크게 형성되어 있으며, 자신만의 아이덴티티를 NFT로 발행하는 신기한 사례도 많아지고 있다. 애플 창업자인 스티브 잡스가 작성한 자필 입사지원서 NFT가 경매에서 2만 3000달러에 낙찰되었다. 바둑기사인 이세돌이 인공지능 AI인 알파고에 승리한 대국은 60ETH(판매 시점 기준 약 2억 5000만 원)에 판매되기도 했다. 잭 도시 트위터 최고경영자(CEO)가 2006년 처음 작성한 트윗은 290만 달러에 주인을 찾았다. 심지어 자신의 방귀 소리를 녹음해 NFT로 판매한 사례도 있고, 멍한 표정의 셀카를 여러 장 NFT로 제작해 막대한 수익을 거둔 사람도 있다. 이렇듯 NFT는 관심도 많고, 화제를 일으키는 마케팅 효과가 남다르다. 가치를 인정받는 좋은 기회이기에 종류도 많아지고, 뛰어드는 기업도 계속 늘어나는 상태다.

이런 상황이다 보니 시장 전망도 밝다. 블록체인 전문 회사 라인테크플러스는 NFT 시장 규모를 2025년까지 230조 원 정도로 예측하고 있다. 해외의 미디어들은 1000조 원의 시장으로 성장할 것이라는 의견을 내놓고 있다. 특히 뛰어드는 기업이 많고, 매력적인 투자처로 평가받고 있는 만큼 성장 속도 역시 가파르게 증가할 것이라는 예상이 지배적이다.

메타버스 짝꿍, NFT

메타버스를 이해하기 위해 NFT를 꼭 알아야 한다고 한 이유는 '짝꿍'이기 때문이다. 왜일까? 메타버스 세상에서 통용되는 상품이 바로 NFT이다. 예를 들면, 디지털 아트 시장에 진출하고 싶은 사람이 있다고 해보자. 이 사람은 말 그대로 디지털이기 때문에 현실에 존재하는 실물 갤러리는 딱히 필요가 없다. 그러니 가상공간에 메타버스 개념을 활용해 갤러리를 만든다. 이 갤러리는 당연하게도, 작품에 대한 의견이 오가고 소통이 벌어질 것이라 단순 가상공간이 아닌 메타버스에 가깝다. 자, 여기까지 진행하면 끝이 아니다. 디지털 아트 시장에서 수익을 내야 먹고살 수 있다. 수익을 내기 위해선 디지털 아트이기 때문에 NFT가 필요해진다. 즉, 메타버스 내에서 사고파는 상호작용을 위해서 NFT는 필수라고 봐야 한다.

이뿐 아니라 특정 브랜드가 메타버스를 활용해 자신들만의 쇼룸을 만들었다고 생각해보자. 이 쇼룸에서는 가상의 물품을 판매해야 한다. 물론 해당 브랜드가 제공하는 상품이겠지만, 가상의 공간에서 거래하기 때문에 가치 기준 역시 조금 바뀌어야 한다. 그래서 가상화폐를 사용하거나, 혹은 메타버스 플랫폼 내에서만 통용되는 특정 화폐가 등장하게 되었다. 조금 방향을 바꾸어 생각하면, 그냥 현실에 있는 화폐 단위를 충전해서 사용하면 되는 것이 아닐까 고민할 수도 있을 것이다. 하지만 메타버스에서 펼쳐지는 환경의 경험은 시공간을 초월한다. 즉, 현실 화폐 단위로는 다양하게 몰려드는 대중들의 시선을 모두 충족시킬 수 없다는 뜻이다. 그러니 메타버스 내에서 활용할 수 있는 경제적 가치가 필요했고, 가상화폐 및 NFT가 이 고민을 해결해주었다. NFT는 메타버스의 확실한 짝꿍인 것이다.

게다가 NFT의 방향성 역시 메타버스와 그 뜻을 같이한다. 메타버스는 대중 중심의 세상이다. 우리가 익히 경험해왔던 현실 세계는 다소 공급자 중심이었다. 공급자는 대중들보다 많은 정보를 가지고 있었고, 그래서 대중의 소비는 공급되는 형태에 맞춰가는 모습을 보였다. 그래서 과거는 대중 사회라기보다는 '공급 사회'라는 표현이 더 맞을 것이다. 실제로 우리는 그간 대세라는 파도에 휩쓸리는 '메가 트렌드'의 시대에 살았다. 메가라는 말은 매우 큰 스케일을 말한다. 거대한 단위의 트렌드가 대중들을 휩쓸었고, 이를 따라가지 못하면 뒤처진 느낌을 받게 되는 사회의 단면을 바로 메가 트렌드라고 보면 좋을 것이다. 하지만 지금은 일명 '마이크로 트렌드'의 시대다. 마이크로는 아주 작은 입자를 뜻한다. 아주 작은 대중들 각각의 생각이 모여 하나의 현상을 만들고, 이런 대중들의 마음이 소비 트렌드를 형성하고 있다. 그래서 공급자와 대중들의 위치는 거의 수평에 가까워졌다. 선택받지 못하는 공급자는 큰 흐름을 절대 형성할 수 없는 세상이 바로 마이크로 트렌드의 시대다. 메타버스 역시 마찬가지다. 메타버스 공간을 형성하는 주체는 공급자일 수 있다. 하지만 이곳에 들어가서 상호작용을 하며 현실 세계와 똑같은 상황을 만들어가는 것은 대중들이다. 따라서 단순한 메타버스 적응은 주목받기 어렵고, 대중들이 원하는 입체적 상호작용을 구현하는 메타버스만이 살아남을 수 있다. 마이크로 트렌드의 핵심 사항을 메타버스가 그대로 보여준다고 볼 수 있는 것이다. NFT도 마찬가지다. NFT는 수많은 원작자가 가질 수 있는 가치를 찾아주고 있다. 이는 공급자 중심의 시장에서 힘을 쓰기 어려웠던 창작 주체에 대한 존중이며, 이런 흐름을 타고 수많은 대중들이 NFT의 중심으로 나서고 있는 상황이다. 또 유명한 원작자라 해서 무조건 큰 가치를 부여받는 것이 아니라, 대중들의 반응과 생각에 따라 주목받을 수 있는 여지가 많이 존재한다. 시장 가치는 철저히 대중들의 선택에 따라 결정된다. 그러니 힘과 영향력이 센 사람이 승리하는 시장도 아니며, 정보의 우위를 점한 사람이 무조건 앞서 나가는 시장도 아니다. 끊임없이 소통하며, 아이디어를 발휘할 수 있는 누군가가 언제든 발견될 수 있는 환경인 것이다. NFT 역시 대중 중심의 구조를 가진다. 따라서 메타버스와 NFT의 핵심 방향성은 거의 일치한다고 볼 수 있다.

NFT의 가치도 무야호~(출처: 아카이브 by MBC)

이런 관점에서 보면 '무야호' NFT의 구조는 매우 대중친화적이다. 무야호라는 밈 자체가 대중들에 의해 발견되었다. 무한도전의 구호는 '무한'이라는 단어를 언급한 후 '도전'이라는 단어를 연이어 말한다. 당시 무한도전을 알고 있냐는 물음에 어르신은 잘 알고 있다고 답했다. 그래서 구호를 듣기 위해 '무한'이라고 먼저 외치니 '도전'이라는 단어 대신 '무야호'라는 정체불명의 단어를 언급했다. 이 장면은 밈이 되어 엄청난 반응을 일으켰고, 신나는 상태를 표현하는 '야호'라는 단어 대신 사용되며 SNS와 유튜브를 휩쓸었다. 이후 MBC는 NFT에 대한 깊은 관심을 표현하며 이 밈을 시장에 내놓았고, 950만 원에 낙찰되었다. 물론 이 가격은 이후에 변동될 수도 있고, 이 NFT를 소유한 사람 역시 바뀔 수 있다. 중요한 것은 방송사가 NFT 시장에 큰 관심을 보이고 있다는 것과 대중들이 선택했던 밈이 결국 대중에 의해 가치를 인정받게 되었다는 사실이다. 이처럼 NFT 시장에서 통용되는 가치는 지극히 대중의 생각을 향하고 있다. 앞으로도 우리는 메타버스 세계와 함께 과거보다 우리의 생각이나 가치가 더 존중받는 트렌드를 경험하게 될 것이다. NFT 역시 가치를 설정하는 새로운 기준이 되어 우리와 함께할 가능성이 매우 높다. 그래서 메타버스의 소중한 짝꿍으로 기억해두어야 할 것이다.

NFT의 전망은?

NFT의 전망은 매우 밝다. 앞에서 말한 대로 NFT는 위조가 불가능하기 때문에 원작자의 권리를 더해주고, 소장하려는 사람에게도 명품의 의미로 다가간다. 또 초기에 판매할 때 로열티를 설정하면, 거래가 될수록 로열티를 받아 원작자가 인정받게 되는 시스템도 존재한다. 게다가 기업과 기관에 주목하는 사람들은 이들이 내놓는 여러 가지 NFT를 통해 더 많은 가치를 선점하고 싶은 욕구를 가지고 있다. 여기에 메타버스 내에서 다양한 거래를 가능하게 해주는 원천이 NFT라는 사실은 앞으로 NFT가 거래의 중심이 된다는 확신을 더 강하게 만든다.

결국 NFT는 수많은 사람들에게 플랫폼을 활용해 더 많은 수익과 가치를 창출하는 방식을 소개했고, 메타버스와 함께 이 방식은 확실한 기준이라는 것이 더 명확해졌다. 이런 특성을 볼 때, NFT의 미래 시장 규모 예측을 고려하지 않아도 전망은 매우 밝다는 사실을 알 수 있을 것이다.

그러니 우리의 시선으로 가치 있는 것들을 발견하고, 이를 NFT로 소개하며 대중들과 소통하는 일은 이제 선택이 아닌 필수다. 반드시 고민하고 알맞은 해답을 NFT를 통해 내려보기를 바란다.

PART

2

메타버스 마케팅 사례 분석 5가지

METAVERSE

01

현실의 광고판을 메타버스 안으로

노출 공간을 옮긴다

메타버스 마케팅 사례는 다양하다. 단순히 나열하는 것은 의미가 없기에, 임의로 5가지로 분류하고 각 분류에 따라 마케팅의 목표를 정리해보았다. 첫 번째는 노출 공간을 옮기는 것이다. 이는 상당히 단순하고도 명료하게 메타버스에 적용하는 방식 중 하나다. 메타버스 공간에는 마케팅 메시지를 최대한 줄이고, 사용 가능한 광고판을 활용하는 방법이다. 이 방법은 대중들의 심기를 자극하지 않는다는 장점이 있다. 대중들은 대부분 메타버스 공간에 특징 있는 경험을 위해 방문한다. 그런데 이 경험 자체를 이해하기도 전에 마케팅 메시지만 주입받는다면 매우 불쾌하게 느낄 가능성이 높다. 하지만 메타버스의 경험은 충분히 즐기고, 이 경험을 하는 동안 눈에 들어오는 광고판을 통해 마케팅 메시지를 자연스럽게 접하게 하는 것이다. 즉, 대중의 즐거움을 막지 않고 방해하지도 않는다는 것이 핵심이다.

개념은 쉽다. 메타버스 공간 내에 광고를 실을 만한 사물이 있을 것이다. 예를 들면 큰 스크린이 있거나, 건물 내외벽도 가능하다. 아니면 액자나 패널도 있을 것이고, 탈 것도 나쁘지 않다. 현실에서 광고를 송출하던 바로 그 공간들이다. 따라서 어색하지 않게, 그야말로 잘 넘어갈 수 있는 기회를 부여한다. 이유는 명확하다. 현실에서도 광고를 봐왔던 위치다. 그러니 광고가 있다고 해서 불쾌할 이유도 없고, 애써 외면할 필요도 없다. 가장 익숙한 경험을 파고들어 단순명료하게 메타버스 마케팅에 적응하는 방식이 바로 노출 공간에 대한 집중이다.

사례도 꽤 많다. 대표적으로 게임 'LOL'은 게임 내 광고 배너를 통해 효과를 내고 있다. LOL은 상호작용하는 가상공간이니 메타버스고, 게임 내 광고 배너는 LOL 이용과는 크게 상관이 없다. 하지만 대중들의 게임 경험을 해치지 않으니 꽤 좋은 선택이었다. 레이싱게임인 트랙매니아도 게임 상에서 광고를 제공한다. 레이싱게임은 메타버스 공간이고, 광고는 게임의 재미를 해치진 않는다. 생각해보면, 레이싱 같은 경우는 현실에서도 경기장에 많은 광고판이 존재한다. 이런 현실을 게임으로 옮겼으니 당연히 광고가 가능함에도, 기존에는 메타버스에 대한 인식이 조금 부족해 활용이 잘 되지 않았다. 하지만 메타버스가 중심으로 등장한 지금은 광고할 수 있는 장소에 대한 이해도가 크게 증가했고, 현실과 똑같은 활용이 계속 증가할 것으로 예상된다. 게임뿐 아니라 브랜드가 경험을 위해 만든 메타버스 공간에도 충분히 적용이 가능할 것이다. 광고를 실을 수 있는 공간이면 어디든 활용이 가능할 테니 말이다. 직접 만들어낸 공간이니 광고에 대한 눈치를 크게 볼 필요도 없다. 과하지 않은 선에서 적용할 수 있다면, 광고

가능한 공간을 늘릴 수 있는 지혜로 작용할 것이다. 단, 방금 말했듯 과하지 않은 선이 중요하다. 이미 SNS와 유튜브에서 광고에 시달린 대중들에게 지나친 광고는 독이 될 것이다.

어디든 광고판이 될 수 있다.(출처: KB국민은행)

다양한 메타버스 활용의 교과서 역할을 하고 있는 KB국민은행은 신입행원 연수도 메타버스 공간에서 진행했다. 이 교육은 내용도 중요했지만, 비어 있는 공간을 활용해 광고를 진행하는 것도 잊지 않았다. 물론 행원들을 대상으로 한 것이어서 타깃은 다소 적다고 볼 수 있다. 하지만 행원들에게 KB국민은행의 이미지를 각인시키고, 적정한 수준에서 기업명을 센스 있게 노출시킨 것은 주목할 만하다.

평면적인 경험의 한계

이렇게 노출 공간을 옮기는 것은 꽤나 근사한 선택이다. 하지만 단점도 있다. 바로 평면적인 경험의 한계다. 사실 메타버스를 방문하는 대중들의 대부분은 새로운 경험을 원하고 있다. 마케팅 메시지가 있다고 하더라도, 의미 있는 경험을 할 수 있다면 크게 신경 쓰지 않는다. 앞서 알아본 롯데월드의 사례는 그 자체가 거대한 마케팅이다. 하지만 경험할 수 있는 놀이기구가 존재하고, 포토존이 있으니 충분히 흥미롭다고 생각한 것이다. 이처럼 경험에 민감한 대중들에게, 광고 위치를 옮기는 일은 매우 밋밋하게 다가갈 수 있다.

또 타깃을 명확하게 이해하는 것도 불가능하다. 메타버스 공간에 방문하는 대중들의 니즈가 하나로 일치하는 경우는 드물다. 그만큼 많은 생각과 취향을 가지고 있다. 메타버스 내 광고판은 이렇게 다양한 존재를 하나로 묶어 '이런 광고를 원할 것'이라고 예측해서 게시해야 한다. 즉, 다양한 대중들을 지배적인 시선으로 묶어 분석하던 과거의 매스미디어 광고와 큰 차이는 없다. 그러니 타깃 대상에게 의미 있는 광고로 다가가지 못할 가능성도 높고, 광고를 그냥 흘려보내는 상황도 발생하기 쉽다. 불특정 다수에게 최대한 노출을 노리던 과거의 단순한 광고 방식을 그대로 답습하는 것이라 뉴미디어 시대에 어울리지 않을 수도 있다는 것이다.

대중들이 어떻게 반응하는지도 측정하기 어렵다. 메타버스 내에서 상호작용으로 구현되어 있다면 데이터화가 가능하겠지만, 그저 스쳐가는 광고이기에 대중의 마음을 이해하는 것 자체가 불가능하다. 후속 광고를 위해 분석해야 할 자료도 미비할 수 있다. 단순명료하게 메타버스에 적응하는 방식이지만, 후속 활용이나 타깃 이해 면에서는 아쉬움이 남는다. 이를 보완할 수 있는 해결책을 반드시 고민해야 한다.

02

현실의 가치를 메타버스로

메타버스를 통해 현실로 다가가라

또 다른 방식은 현실의 가치를 메타버스에 옮겨놓는 것이다. 이 방법은 메타버스와 현실을 적절히 연결할 수 있다는 점에서 흥미로운 특징을 가진다. 냉정히 생각해보면, 메타버스는 일단 현실과는 다른 공간이다. 익숙한 사람도 현실과의 연결성을 찾고자 하면 쉽지 않은 것이 사실이다. 이런 상황을 보완하기 위해 현실에서도 사용 가능한 것들을 메타버스에 배치해두는 것이 마케팅의 한 가지 방법이 되고 있다. 활용 방식도 다양하다. 할인 쿠폰, 교환권, 서비스 등이 대상이다. 예를 들면 메타버스 공간 내에서 상호작용을 한 대중들에게 할인 쿠폰을 제공한다. 이 쿠폰은 현실에서도 사용할 수 있는 가치를 가진다. 현실 공간에서도 할인 쿠폰은 접근해볼 만한 이유를 제시하는 마케팅 방식 중 하나다. 메타버스를 경험하게 만드는 한 가지 유인책일 수 있는 것이다.

가치를 만드는 방식도 있다. 기업이나 브랜드에게 있어서 가치란 이제 필수적 요소가 되었다. 그러니 메타버스 공간 내에서 행동이나 참여를 유도하고, 이를 바탕으로 현실 공간에서 기부나 사회 공헌 활동을 전개하는 것이다. 이 역시 현실에서도 많이 활용하는 방식이지만, 메타버스와 현실의 가치를 동등하게 맞춰 놓을 수 있다는 점에서 주목할 필요가 있다. 현실의 상품을 그대로 연계시키는 방식도 있다. 구매 가능한 제품을 그대로 구현해 경험하게 하고, 메타버스 내에서 구매하면 현실에서 제공받는 방식이다. 이 역시 현실과 메타버스 사이의 간극을 최대치로 좁힐 수 있는 좋은 해답이 될 수 있다.

메타버스 패션쇼와 라이브커머스의 결합은 성공적이었다.(출처: 형지)

패션그룹 형지의 골프웨어 브랜드 까스텔바작은 골프웨어 최초로 XR 기술을 적용한 메타버스 패션쇼를 진행했다. 실제 모델들이 옷을 착용한

채 그래픽 작업을 거친 런웨이를 걸었다. 여기에 라이브커머스를 결합해 메타버스를 경험한 대중들이 바로 구매가 가능한 상황을 유도했다. 패션쇼다 보니 메타버스 자체에서 구매하는 경험은 제공하지 않았지만, 라이브커머스는 약 2만 1천 명이 접속하며 성황리에 끝났다.

메타버스 경험은 구매의 원천이다.(출처: 코오롱인더스트리)

코오롱인더스트리는 메타버스에 다양한 관심을 보였다. 럭키슈에뜨, 슈콤마보니 등 자사의 브랜드 VR 공간 콘텐츠를 연이어 선보였고, 디지털 런웨이, 메타버스 매장 등 다양한 방식으로 메타버스 개념을 반영했다. 대부분 매장을 가지 않고도 메타버스 공간에서 제품에 대한 정보를 얻을 수 있었고, 여기에 '마켓' 기능을 붙여 현실과의 연계성도 더했다. 메타버스 공간 내에서 옷을 둘러보고 경험한 대중이 바로 구매할 수 있는 상황을 만들어 마케팅을 벌인 것이다. 실제로 코오롱인더스트리의 이런 시도는 고객 유입률 130퍼센트 성장, 매출 신장률 30퍼센트 성장 등 의미 있는 성과를 거뒀다. 특히 메타버스 매장은 열 때마다 폭발적인 트래픽 상승을 이뤄내며 메타버스 마케팅의 의미를 톡톡히 경험했다.

현실과의 연계는 좋은 마케팅 경험이다.(출처: 현대백화점 그룹)

현대백화점은 일명 'VR 판교랜드'를 운영했다. VR과 메타버스가 결합된 형태로, 가상의 백화점 공간을 둘러보는 방식이었다. 상호작용 면에서는 조금 아쉬웠지만, 방식 면에서는 현실과의 연계가 돋보였다. 실제 백화점을 방문했을 때 사용할 수 있는 쿠폰을 증정한 것이다. 단순히 아이콘 터치로 제공하는 쿠폰도 있었고, 미니 게임을 통해 획득할 수 있는 쿠폰도 있었다. 또 쇼룸에 있는 상품은 더현대닷컴과 연계해 바로 구매할 수 있게 하고, 카카오톡을 통해 매장 직원과 구매 상담도 진행했다. 메타버스의 경험이 현실과 연계가 되고, 실제 구매 환경과 동일시 할 수 있는 포인트를 마케팅으로 활용한 것이다. 이를 통해 상호작용 면에서 아쉬웠던 부분을 성공적으로 보완하며 좋은 사례로 남았다.

영국의 배달앱인 딜리버루의 메타버스 활용은 많은 마케터들이 주목했고, 국내에서도 사례로 많은 관심을 받았다. 딜리버루는 국내에서도 인기를 얻은 게임 〈동물의 숲〉을 활용했다. 딜리버루의 핵심은 섬에 가상 라이더를 배치하는 것이었다. 이 라이더들은 게임 내 섬에서 배달을 실행했고, 게임 플레이어들은 깜짝 배송을 받았다. 배송 물품에는 프로모션 코드가 들어가 있었다. 이 프로모션 코드는 실제 어플에서 사용가능한 쿠폰이었다. 게임 참여는 폭발적이었고, 매우 성공적으로 딜리버루라는 브랜드를 대중들에게 알렸다.

NFT 활용은 그야말로 날개를 달아줬다.(출처: 아디다스)

아디다스는 NFT를 활용해 메타버스에 적응했다. NFT를 구매한 대중들에게 동등한 실물 상품을 제공하는 방식이다. 메타버스와 현실을 적절히 연결한 것이다. 타렉 나즐로이 아디다스 디지털 개발 수석은 더버지와의 인터뷰에서 "아디다스는 메타버스에 있다"고 말했다. 이 말은 결국 현실과 메타버스 사이에 간극을 허물고, 동일 선상에서 모든 경험을 연결하겠다는 뜻으로 보인다. 실제로 NFT 캐릭터와 각종 NFT는 큰 인기를 얻었다. 디지털 자산에 대한 욕구도 컸지만, 현실에서도 해당 제품을 가질 수 있다는 점은 큰 매력으로 다가갔다. 현재는 이 NFT를 소유하고자 하는 사람들의 경쟁이 더 치열해져 가치가 더 높아졌고, 마케팅 역시 성공적으로 진행되었다. 통계에 따르면 NFT를 처음 출시해 마케팅을 시도한 후 첫 분기까지 약 3개월 동안 약 2천 3만 달러(당시 환율 기준 273억 원)의 수익을 올렸다고 한다. 아디다스의 이런 성공은 현실과 메타버스를 연결하려는 아이디어가 쏟아졌기 때문에 가능한 일이었다.

신한은행의 메타버스가 선택한 건 현실과의 연결이었다.(출처: GS리테일)

금융권의 메타버스는 다양한 방면을 통해 이뤄지고 있다. 특히 신한은행은 아예 자체 구축 메타버스 플랫폼을 선보이며 큰 관심을 보였다. 이 서비스에서 제공되는 서비스는 모임과 휴식이 가능한 최초 진입 공간 〈스퀘어〉, 서소문 디지로그 지점 이미지를 차용한 은행 지점 〈브랜치〉, KBO(한국야구위원회)와 함께 이벤트 등을 진행하는 〈야구장〉, GS25 편의점 공간 〈스토어〉 등이다. 특히 스토어는 매우 눈에 띈다. GS25와 연계한 스토어는 실제 편의점 상품을 진열하거나 구매할 수 있다. 아바타가 상품을 접촉하면 GS샵의 기프티콘 판매가 이뤄지는 방식이다. 대중들은 이 기프티콘을 직접 구매해 사용할 수도 있고, 혹은 타인에게 선물할 수도 있다. 물론 신한은행 말고도 연결을 시도한 금융권은 많다. 우리은행은 아예 메

현대오일뱅크는 주유 쿠폰으로 현실과 연결을 추구했다.(출처: 현대오일뱅크)

타버스 지점을 오픈했다. 지점에서 은행 업무를 제공하며 현실과의 연결을 시도한 것이다. 다른 금융권도 실제 은행 업무 중 일부를 메타버스에서 실행하며 연결성을 최대치로 끌어올렸다. 신한은행의 시도도 좋고, 다른 금융권의 시도도 좋다. 중요한 것은 현실에서 우리가 경험하던 각종 상호작용을 얼마나 메타버스와 연결할 수 있느냐의 여부다. 특히 돈과 연관되어 있는 활동들 때문에 더욱 피부로 다가오는 금융권에게는 더 중요했을 과제다. 그리고 다양한 사례를 만들어 내며 성공적인 메타버스 마케팅 메시지를 전달하고 있다.

현대오일뱅크는 〈복합 에너지 스테이션〉을 열었다. 복합 에너지 스테이션은 휘발유, 경유, LPG뿐 아니라 수소와 전기까지 모든 수송용 연료가 한 곳에서 판매되는 공간이다. 기업 특성상 상당히 흥미로운 주제를 잡았다고 볼 수 있다. 연료 판매 외에도 야외 테라스와 상가, 프리미엄 세차장 등 편의시설이 포함되어 있어 복합문화시설에 더 가까운 특징을 보이기도 한다. 메타버스 공간을 통해 현대오일뱅크는 수소차 및 전기차 충전 사업, 프리미엄 세차 서비스, 태양광발전 설치 설비 등 현실에서 쉽게 경험하기 어려운 자사의 업무 분야를 홍보했다. 현실과의 연결은 '코드'로 완성했다. 스테이션 곳곳에 숨어 있는 시크릿 코드를 찾아 현대오일뱅크 보너스 카드 홈페이지에 입력하면 추첨을 통해 주유 쿠폰을 증정하는 방식이었다. 물론 이 쿠폰이 필요한 사람도, 지금은 필요하지 않은 사람도 있었을 것이다. 하지만 적어도 쉽게 접하기 어려운 주제를 홍보하고, 이를 현실에서의 경험 연계로 이어가려고 한 시도는 메타버스가 있었기 때문에 가능했다.

배스킨라빈스는 실제 구매와의 연결을 위해 최선을 다했다.(출처: SPC)

배스킨라빈스는 일명 〈배라 팩토리〉를 메타버스로 구현했다. 특이점은 기존 맵 안에 들어가는 방식이 아니라, 아예 독립된 브랜드 체험 공간으로 구성했다는 점이다. 이 공간에서 대중들은 배스킨라빈스를 떠올리게 만드는 의상이나 소품을 구매할 수 있다. 또 친구들과 아이스크림 케이크를 만들고, 특정 기계를 통과하면 아이스크림으로 변신하는 등 배스킨라빈스를 상징하는 여러 가지 경험을 해볼 수 있다. 중요한 것은 연결 가능성이다. 공간 내 키오스크를 설치해 실제 온오프라인 매장에서 쓸 수 있는 (구) 쿠폰을 발행할 수 있도 있고, 할인가격에 모바일 교환권을 구매할 수도 있다. 이뿐만이 아니다. 배스킨라빈스는 메타버스를 활용한 라이브커머스도 진행했다. 진행 당시 매출액은 2.1억 원이 넘었다. 메타버스부터 현실의 구매까지 유기적으로 연결되는 구성을 통해 마케팅 효과는 성공적으로 배스킨라빈스의 매출을 이끌었다.

다양한 메타버스 연수원의 등장은 현실과의 연결을 추구한다.(출처: SSG)

약간 목적은 다른 개념이지만, 교육에서의 활용 역시 연결성을 생각했다고 볼 수 있다. SSG닷컴은 메타버스 기반의 화상회의 플랫폼 중 하나인 개더타운에 가상 연수원인 쓱타운을 열었다. 실제로 신입사원 입문 교육을 여기서 진행했다. 기존에 줌 교육과는 달리 캐릭터를 만들어 공간을 경험할 수 있고, 대화나 활동이 모두 가능했다. 또 현실 연수원과 동일하게 교육 공간, 강당, 테라스 등을 구현했다. 강당은 교육, 세미나가 모두 가능한 형태로 사내 행사까지 생각한 공간이었다. 물론 방금 지적한 대로, 이런 시대는 범대중적인 마케팅은 아니기에 성격이 조금 다르다. 하지만 메타버스 내에서의 교육이 현실 업무 수행으로 이어진다는 것, 그리고 이런 시도와 노력이 브랜딩을 비롯한 기업 이미지 전환에 영향을 준다는 것을 고려해보면 충분히 연결성을 고려한 메타버스 마케팅 사례라고 볼 수 있다. 실제로 SSG뿐만 아니라 금융권과 기업의 교육 활용은 매우 많아졌다. 앞으로도 다양한 가치를 연결하기 위해 많은 교육이 메타버스 공간에서 진행될 것이다.

이렇듯 현실과의 연계는 메타버스에 대한 진입 장벽을 낮추거나 이미지 전환에 큰 영향을 준다. 의미 있는 쿠폰이나 서비스라면 메타버스라도 달려가야 할 이유를 만들어주기 때문이다. 또 새롭게 시도하고 현실에서의 성과를 연결하는 방식은 MZ세대를 중심으로 큰 반향이 될 수도 있다.

메타버스를 구현했다고 해서 무조건적으로 대중들이 접근할 것이라는 환상은 버려야 한다. 적절한 보상을 통해 당근을 제시해야 하는데, 현실과 연계된 가치는 매우 좋은 카드일 수 있다. 게다가 이런 보상을 받고 현실에서 다시 사용해야 하니, 가상과 현실을 오가며 브랜드에 확실하게 노출될 수 있는 상황이 만들어질 수 있다. 반복 노출 자체가 쉽지 않고, SNS 내에서의 광고도 '휘리릭' 넘어가게 되는 게 바로 디지털 마케팅 환경의 약점이다. 메타버스와 현실의 연계는 반복 노출을 가능하게 할 수 있는 방식 중 하나다. 메타버스와 현실을 오가며 대중들은 브랜드에 대한 이해를 높이고, 구매를 경험하며 마케팅 효과를 극대화시켜 줄 것이다.

완벽한 전환은 어렵다

하지만 단점도 있다. 완벽한 전환이 어려울 수도 있다. 현실에서 사용 가능한 가치를 얻었다고 해도, 반드시 접근하리라는 보장은 없다. 단순히 재미로 접근했다 끝날 수도 있는 것이고, 당장 필요한 소비가 아니라면 하지 않을 가능성도 높다. 즉, 각종 쿠폰과 서비스를 나열해두고도 정작 행동으로 옮기지 않는 대중들 때문에 허사가 될 수도 있다는 뜻이다. 이 경우 메타버스에 현실 가치를 입히기 위해 들인 노력은 물거품이 될 가능성이 높다.

이런 부분도 연결해 생각해보면, 메타버스에 들이는 공도 더 커질 수밖에 없다. 이처럼 현실 가치를 연결할 수 있는 메타버스 구현은 단순한 공간 작업보다 훨씬 더 많은 노력이 들어간다. 노력은 곧 시간이며 비용이다. 쉽게 접근하는 것보다는 복잡한 기획과 노력이 필요하기에, 별다른 반응을 얻지 못했을 경우에 느끼는 상실감은 더 커질 수 있다. 또 작업 소요가 드러나는 상황에서 프로모션 타이밍을 놓치는 경우도 생길 가능성이 높다. 실제로 각종 테스트나 사전 작업을 위해 여러 가지를 체크해야 하기에 필요한 세일 등 현실에서의 마케팅 기간을 연계하려면 쉽지 않은 장벽이 많다. 투입되어야 할 인력이 많기 때문에, 각 인력의 업무 참여도도 고려해 개발 플랜을 짜야 한다. 연결을 추구하는 방향성은 그 자체로 고려해야 할 사항이 많아 사전에 철저한 계획이 필요하다는 것을 반드시 염두에 두도록 하자.

03

가상의 즐거움을 구현하라

메타버스 안에서만 느끼는 즐거움

현실 가치와의 연계는 분명 근사한 선택이지만, 이런 연결이 반드시 필요한 것은 아니다. 메타버스는 그 자체로 현실의 모든 요소가 구현된 하나의 소통 공간이기 때문에 굳이 따로 현실을 더 고려할 필요가 없을 수도 있다. 즉, 메타버스 자체를 독립된 또 하나의 사회 공간으로 생각한다면 답은 훨씬 더 빠르게 나온다.

구찌라는 브랜드를 알고 있을 것이다. 명품으로 많은 사람들에게 알려져 있고, 구찌 제품을 구매하고 싶어 하는 사람들은 충분히 많다. 그런데 문제는 가격이 만만치 않다는 것이다. 만약 메타버스 공간 내에서 살 수 있는 구찌 제품이 있다면 어떻겠는가? 가격도 아이템이라 훨씬 저렴하다면 한 번쯤은 접근해볼 수 있지 않을까? 바로 이런 생각들이 가상의 즐거움을 구현하는 마케팅 방식의 시작이다.

"가상공간에 존재하는 또 다른 나를 위해 꾸미고 구매하고 싶다."

MZ세대를 관통하는 중요한 개념 중 하나다. 메타버스의 개념을 설명하며 언급했지만, 아바타는 단순한 캐릭터가 아니라 '나의 대리인'이다. 따라서 현실에서 스스로를 꾸미듯 아껴주고 싶고, 원하는 방향을 구현해 더 멋지게 만들어주고 싶은 마음이 크다. 게다가 이 아바타가 메타버스 공간 내에서 각종 상호작용에 참여할 테니 후줄근한 모습은 영 내키지 않는 것이다. 그러니 꾸미고 돈을 쓸 수 있는 상황을 마련해 독려하면, 근사한 마케팅 프로젝트가 완성된다.

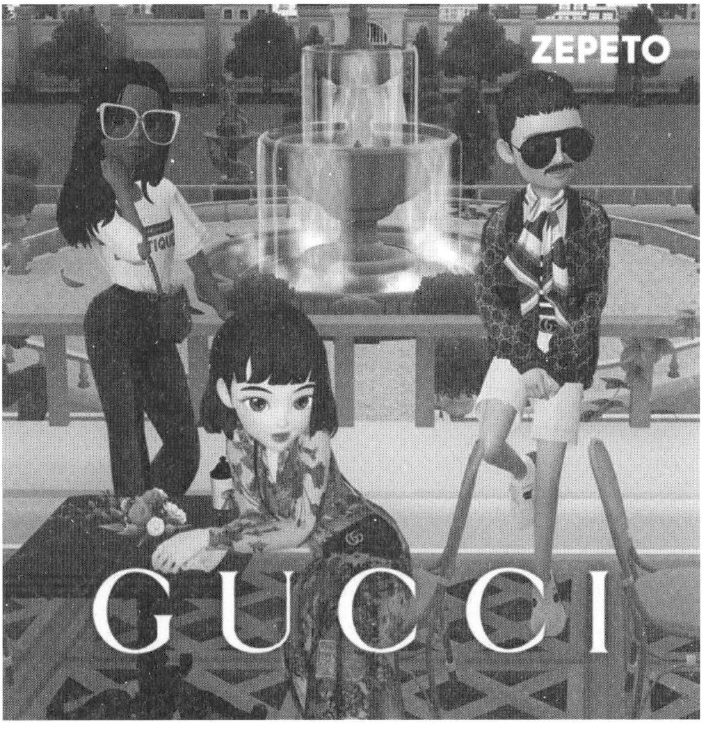

구찌는 메타버스에서도 강력했다.(출처: 네이버제트)

구찌는 네이버제트가 운영하는 제페토와 글로벌 메타버스 플랫폼 로블록스에 모두 관련 아이템을 선보였다. 특히 제페토에는 구찌의 정체성을 담은 공간을 선보였고, 대중들은 이 공간을 방문해 직접 아이템을 착용해 볼 수 있었다. 로블록스에서도 실제 판매하는 제품을 아이템화했고, 당연히 구매해 아바타에 착용이 가능했다. 중요한 것은 구찌라는 제품의 아이덴티티를 그대로 메타버스에 옮겼다는 것이다. 사실 현실과의 연계성은 떨어진다. 구찌 아이템을 구매한다고 해도 현실에서는 손에 쥘 수 없으며, 집 앞으로 배송이 오는 일도 없을 것이다. 하지만 메타버스에서 자신의 역할을 대리하는 아바타를 꾸미고 싶은 니즈는 매우 강렬하고, 기왕이면 명품이 더 좋다는 인식이 구찌에 대한 접근을 증가시켰다. 실제로 이런 접근을 통해 구찌는 브랜드 인지도를 더욱 끌어올렸고, 특히 MZ세대를 향한 접

나이키는 〈나이키랜드〉로 승부를 걸었다.(출처: 나이키)

근성을 개선했다. 게다가 차별화된 즐거움을 선사하며 이목을 집중시켰다. 현실과의 연결은 없다. 하지만 완벽히 독립된 메타버스에서 구찌는 현실보다 더 많은 사람들에게 마케팅 메시지를 전달하는 데 성공했다.

앞서 소개한 아디다스의 사례가 메타버스와 현실의 연결을 추구했다면, 나이키는 메타버스 자체의 즐거움에 좀 더 초점을 맞췄다. 〈나이키랜드〉는 나이키 실제 본사와 경기장이 구현되어 있으며, 대중들은 이 공간을 방문해 스피드런이나 멀리뛰기 같은 스포츠 체험을 할 수 있다. 이뿐만이 아니다. 메타버스 내에서 즐길 수 있는 '최대의 즐거움'에 집중한 만큼 에어맥스, 에어포스1 등 나이키 인기 제품들을 아이템으로 출시했다. 디지털 쇼룸에서 대중들은 아바타에게 나이키 제품을 입혀줄 수 있고, 특히 현실에서 희소성 높은 아이템은 그야말로 '인싸력'을 높이는 선택이었다.

내 아바타에게 선글라스를 씌워주는 순간이 특별해진다.(출처: 젠틀몬스터)

글로벌 패션 아이웨어 브랜드인 젠틀몬스터는 제페토와 협업을 통해 하우스 도산 플래그십 스토어를 열었다. 이 공간은 포토스캔으로 구현한 〈젠틀몬스터 하우스 도산〉 매장이다. 특이한 것은 굉장히 섬세하게 촬영을 진행했다는 것이다. 3D 가상공간이지만 어색함이 덜하고, 진짜 매장을 방문한 듯한 착각을 불러일으킨다. 대중들은 아바타를 이용해 젠틀몬스터 매장을 돌아다니며 아이웨어를 써볼 수 있다. 젠틀몬스터는 사실 매우 접근하기 편한 가격대의 제품은 아니다. 어쩌면 이런 부분에서 접근성 향상이 어려웠을 수도 있을 텐데, 메타버스는 젠틀몬스터에게 대중의 부담을 줄이는 기회를 제공했다. 덕분에 많은 대중들은 젠틀몬스터의 메타버스 공간에서 아이웨어를 착용해보고, 가상의 카페에 앉아 이야기도 나누며 브랜드에 더 친숙해졌다.

유통업계의 관심은 매우 뜨겁다.(출처: BGF리테일)

유통업계도 메타버스의 정체성을 키우는 방식으로 적응하고 있다. GS25, 세븐일레븐이 모두 메타버스에 뛰어들었고, CU 역시 메타버스를 핵심으로 두고 있다. CU는 제페토에 편의점을 열어 차별화된 경험을 제공했다. 한강공원점을 시작으로 점포수를 계속 늘려가고 있다. 대중들은 CU의 메타버스 매장에서 삼각김밥을 사거나, 편의점 앞에서 대화를 나누는 등 현실에서 편의점을 이용하던 방식을 그대로 활용한다. 하지만 이 경험 자체가 특별하기에, MZ세대는 적극적으로 호응했다. 실제로 CU의 제페토 편의점은 5개월 만에 약 2천 500만 명이 넘게 다녀가며 마케팅 효과를 톡톡히 누렸다. 물론 CU는 현실에서 활용 가능한 쿠폰을 활용하는 등 경험의 연결에 최선을 다하기도 했다. 하지만 점포 자체를 늘려가며 메타버스 확장에 더 집중했기에 가상공간에서 다양한 상호작용을 만들어낼 수 있었다. 연결은 늘 중요한 개념이다. 하지만 연결만큼 오리지널리티를 결정할 수 있는 명확한 존재감이 있어야 대중들이 열광할 수 있다는 것을 반드시 기억하도록 하자.

소시지 한 개 하실래요?(출처: 롯데푸드)

롯데푸드는 간단한 브랜드 게임을 선보였다. 소시지 제품인 에센뽀득을 콘셉트로 한 메타버스 게임이다. 캠핑장이 배경이며, 곳곳에 에센뽀득 아이템과 소시지 캐릭터를 등장시켰다. 사실 현실과의 연계성을 크게 찾아보기 어렵다. 하지만 특이성 있는 배경과 소재를 바탕으로 메타버스 내에서만 즐길 수 있는 경험을 제공하고, 이를 통해 MZ세대들의 마음을 사로잡는 공략법이다. 이렇게 방향을 잡으면, 사실 현실과의 연결은 조금 뒤에 생각해야 할 요소다. 어차피 에센뽀득 캐릭터가 즐비한 캠핑장은 현실에서는 만나기 어려울 것이라는 것은 모두가 알고 있다. 그러니 연결성보다는 메타버스 자체의 특성에 집중해 SNS에 인증하고 싶은 욕구나 혹은 새로움을 원하는 마음을 자극하는 것이 더 나을 수 있다. 롯데푸드의 사례는 이런 부분을 잘 반영했다고 볼 수 있다.

나 좀 찾아줄래?(출처: 정식품)

정식품은 게더타운을 활용해 창립 기념 생일 파티를 벌였다. 이 캠페인은 콩의 모양을 형상화한 정식품의 캐릭터 '심콩이'가 생일을 맞아 메타버스 공간인 정식품 광장에서 진행되는 자신의 생일파티에 대중들을 초대하는 방식이다. 정식품은 광장 곳곳에 있는 방명록에 축하 메시지를 적는 방식으로 메타버스 경험을 제공했고, 파티장에 숨어 있는 심콩이를 찾는 미션도 선보였다. 이 미션에 성공한 사람들은 추첨을 통해 선물을 받았다. 많은 대중들을 한 번에 모을 수 있는 지혜는 결국 메타버스 최적화에서 나왔다. 이 사례 역시 현실과의 연결성을 찾기엔 조금 부족하지만, 생일파티라는 콘셉트부터 참여를 유도하는 방식까지 메타버스에 적합한 부분이 많다. 억지로 연결을 강조하기보다, 연결할 만한 대상이 없을 때는 메타버스 자체에 집중하는 것이 훨씬 더 효율적일 수 있는 사실을 직접 말하는 사례다.

유의미한 소비, 측정은 불가능하다

이렇듯 메타버스에 최적화된 상황을 생각하면 대중들에게 몰입할 수 있는 경험을 제공할 수 있다. 새로운 요소를 원하는 대중들에게 매우 신선하게 다가가기 쉽고, 또 브랜드나 기업 이미지에 최적화된 요소들을 발굴하기에도 용이하다. 단, 이런 방식은 개발까지 상당한 시간이 소요될 수 있다. 모든 요소를 하나씩 세팅하고, 대중들이 좋아할 만한 사항을 발견하고 기획해야 하기 때문이다. 따라서 빠른 시간 안에 결과를 도출해야 하는 과제를 안고 있다면, 메타버스 자체에 집중하는 방식은 시도하기 어려울 수 있다.

또 메타버스 공간에 방문한 대중들이 유의미한 소비를 했는지 측정하는 것도 쉽지 않다. 단순히 경험만 하고 떠났는지, 이후에 어떤 유의미한 행동을 했는지 전혀 알 수 없기 때문이다. 따라서 데이터를 모으거나 축적해야 하는 것이 마케팅의 목표라면, 이런 메타버스 자체에 집중하는 방식은 한계를 노출할 수 있다. 유의미한 정보와 자료가 필요하다면, 측정이 가능한 상호작용 툴을 이용해 이런 단점을 극복해야만 할 것이다.

04

메타버스 내에 완전히 편입시켜라

몰입 극대화

메타버스 내에 완전히 편입시키는 방식도 있다. 단순히 메타버스 내에서 광고를 보고, 또 메타버스 내에서 경험을 통해 행동을 하게 하는 것도 좋은 방법이다. 하지만 이 경험은 시스템화된 방법이라, 더 이상 개발이 이뤄지지 않는다면 반복적인 노출은 쉽지 않다. 정말 재미를 느끼지 않는 이상, 혹은 현실에서의 가치가 계속 연계되지 않는 이상 방문할 이유가 사라지기 때문이다. 이 문제를 극복하기 위해 메타버스 내에 완전히 편입시키는 방법이 있다. 영상, 음악, 그리고 기타 콘텐츠를 통해 짧은 시간 동안 매우 몰입할 수 있는 상황을 제공하는 것이다. 반복적으로 다른 콘텐츠가 제공되지 않는다면, 이 방법 역시 대중들을 계속해서 끌어 모으는 것은 어렵다. 하지만 몰입도가 높기 때문에, 노출의 효과를 최대치로 끌어올릴 수 있다.

어쩌면 이 방법은 메타버스에 대한 이해도가 만들어낸 방식이라고 볼 수 있다. 메타버스가 현실을 그대로 반영한 가상공간이라는 것을 깨닫고, 현실에서도 짜릿하게 즐겼던 콘텐츠들을 적용하는 방법을 생각하게 된 것이다. 메타버스와 현실은 완전히 분리해서 고려했다면, 몰입을 극대화하는 방식은 떠올리기 어려웠을 것으로 보인다. 하지만 메타버스에 대한 완벽한 이해가 이 사례들을 만들었다.

사례를 소개하기 전에 예시를 간략하게 들자면, 메타버스 내에서 공연을 제공한다고 생각해보자. 다른 곳에서 진행했던 것이 아니라 라이브로 진행하는 행사다. 아티스트가 등장하는 것 자체도 신기하지만, 기존에 접하지 못했던 공연이라 매우 몰입감이 높다. 공연 시간 동안 충분히 노출된 대중들은 해당 아티스트의 곡을 인지했고, 유튜브나 음원 서비스를 통해 다시 찾아볼 가능성이 높다.

팝스타 트래비스 스캇의 공연 사례는 기준과도 같다.(출처: 포트나이트)

팝스타 트래비스 스캇(Travis Scott)의 공연 사례는 기준과도 같이 느껴진다. 실제로 수많은 아티스트와 마케터들이 주목했다. 트래비스 스캇은 아바타를 통해 '포트나이트'에서 메타버스 공연을 개최했다. 완벽에 가까운 아바타와 각종 음악을 더해 몰입감 높은 공연 경험을 제공했는데, 당시 1230만 명이 동시 접속을 하며 그야말로 대박을 쳤다.

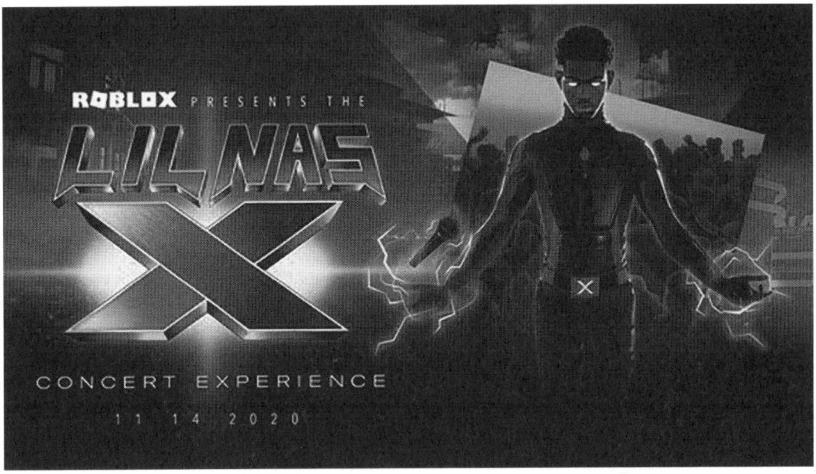

릴 나스 엑스는 게임과 접목시킨 공연 경험을 제공했다.(출처: 로블록스)

릴 나스 엑스(Lil Nas X)는 조금 더 특별한 사례를 만들었다. 릴 나스 엑스는 '콘서트 익스피리언스'라는 주제로 공연 전 관련 아이템을 모으는 게임을 선보였다. 해당 게임에는 끊임없이 카운트다운이 돌아가 공연 시간을 알려주었고, 그전까지 대중들은 곳곳을 돌아다니며 각종 미션을 수행하고 아이템을 획득했다. 그리고 대망의 공연 시간을 기다렸던 대중들은 아바타로 등장한 릴 나스 엑스의 공연을 즐기며 열광했다. 그리 긴 시간은 아니었지만, 게임과 공연이 더해지며 매우 몰입감 있는 메타버스를 체험하기에 충분했다. 당시 릴 나스 엑스의 공연은 신곡을 발표한 후 처음으로 공개하는 자리였다. 과거라면 쇼케이스나 오프라인 공연을 통해 진행했을 법한 일이지만, 메타버스와 함께 새로운 방식을 택한 것이다. 이 두 사례는 매우 성공적인 예시로 남았고, 이후 방탄소년단, 아리아나 그란데, 자라 라슨 등 다양한 아티스트들이 시도하는 원동력이 되었다.

동물의 숲은 몰입감 있는 메타버스의 전형이다.(출처: 한국닌텐도)

게임 〈모여봐요 동물의 숲〉은 몰입감 있는 경험의 전형이라 볼 수 있다. 게임을 하는 우리는 잘 느끼지 못했지만, 메타버스의 모든 것을 구현해놓은 사례라고 봐도 무방하다. 일단 게임 내에는 유저 캐릭터가 존재한다. 이 캐릭터는 아바타로 현실에서의 나를 대신하는 존재다. 그리고 게임 속에서 대중들은 수많은 노동에 투입된다. 물고기를 잡고, 과일을 수집하는 등 다양한 행동을 벌인다. 이를 통해 자신의 공간을 조금씩 완성하게 된다. 이 과정 역시 현실에서 돈을 벌고, 소비를 하는 것과 유사하다. 흥미로운 것은 대중들의 반응이었다. 노동을 하고 대출을 받아 갚기도 하는 등 현실에서 딱히 하고 싶지 않은 것들을 게임 속에서는 열심히 진행하는 것이 아이러니하다는 말들이 쏟아져 나왔다. 생각해보면 정말 그렇다. 금요일만 기다리는 우리가, 게임 속에서도 일을 하고 있다는 게 얼마나 기가 막힌 일인가? 하지만 이 기가 막힌 일은 몰입감이 충분하기 때문에 가능했던 것이다. 완전히 몰입하고 있으니 이런 과정들에 대한 호불호보다는 게임이 제공하는 메타버스 경험 자체에 더 집중한 것이 아닐까? 덕분에 〈모여봐요 동물의 숲〉은 큰 성공을 거뒀고, 각종 공간 인증이 SNS에 숱하게 업로드되었다. 몰입감 있는 경험을 메타버스로 구현하는 것이 얼마나 큰 중독성을 부를 수 있는지 잘 보여주는 사례다.

몰입해서 즐기면, 현대 자동차의 쏘나타를 더 잘 이해하게 된다.(출처: 현대자동차)

현대자동차는 메타버스를 활용해 〈현대 모빌리티 어드벤처〉를 주제로 5개의 가상공간을 만들었다. 다양한 시도를 보여주었지만, 가장 흥미로운 건 메타버스로 차량 '쏘나타 N라인'을 시승해보는 서비스였다. 메타버스 공간에서 차량을 완벽하게 구현해 플랫폼 내에서 직접 타볼 수 있게 만든 것이다. 뿐만 아니라 플랫폼의 비디오 및 포토 부스에서도 쏘나타를 활용할 수 있게 해 다양한 콘텐츠까지 쏟아졌다. 단순히 기업의 이야기를 구현한 것이 아니라, 좀 더 몰입감 있는 메타버스 경험을 제공한 현대자동차의 사례는 상당히 근사하다. 분명 메타버스 플랫폼의 핵심 타깃층인 MZ세대가 쏘나타에 대한 이해도를 높이고, 해당 차량에 대해 의미 있는 생각을 가지게 되었을 것이라 생각한다. 단순함을 버리고 몰입감을 선택한 현대자동차의 행보를 반드시 주목해볼 필요가 있다.

현실의 반영, 그리고 현실의 행동은 몰입감의 원천이다.(출처: SK텔레콤)

SK텔레콤은 자사 메타버스 플랫폼인 이프랜드를 활용해 메타버스 캠퍼스를 구현했다. 캠퍼스는 학교의 몇몇 건물만 묘사한 것이 아니라 거의 모든 공간이 그대로 배치되었다. 그래서 실제 학교와 유사한 몰입감 있는 경험을 할 수 있다. 그런데 이렇게 현실 공간을 그대로 구현만 했다면 2퍼센트 부족할 것이다. SK텔레콤은 또 다른 요소를 신경 썼다. 바로 캠퍼스 안에서 우리가 하는 행동들이다. 메타버스 캠퍼스는 365일 24시간 운영되는 상설 공간이다. 이 공간에서 비대면 강의, 조별 과제, 축제, 입학식, 졸업식 등 현실에서 벌어지는 대학교의 상호작용 대부분을 경험할 수 있다. 따라서 SK텔레콤의 시도는 단순히 공간만 옮겨놓는 것이 아니라 몰입 가능한 모든 것을 메타버스로 구현했다고 볼 수 있다. 이 캠퍼스에서 다양한 활동이 벌어지면 질수록, 대중들은 더 몰입하게 될 가능성이 높다. 공간과 상호작용까지 이해하는 깊은 생각이 몰입감 있는 메타버스를 만든다는 것을 기억해야 할 것이다.

높은 수준의 이해가 필요하다

이렇게 몰입감 있는 경험을 제공하는 것은 메타버스를 활용하는 좋은 선택이다. 하지만 몇 가지 단점도 있다. 먼저 비용과 기획의 문제다. 물리적 비용도, 그리고 인적 자원의 비용도 크게 소비될 가능성이 높다. 당연한 일이다. 몰입감 있는 경험을 구현하기 위해서는 많은 기술이 필요하다. 또 대중들의 니즈를 정확히 읽고, 계속해서 기획을 이어 나가야 한다. 즉, 개발을 위한 투자와 인적 자원에 대한 투자가 동시에 이뤄져야 한다는 것이다. 그러니 이런 투자를 감당할 수 있는 대상에게는 큰 의미가 있겠지만, 그렇지 못한 경우에는 시도조차 하기 어려울 수 있다.

또 다른 하나는 메타버스에 대한 깊은 이해다. 몰입감을 높이는 것은 그만큼 메타버스 특성에 대한 높은 수준의 이해도가 필요하다. 메타버스를 준비하는 사람 자체가 철저히 준비되어 있어야 한다. 하지만 이런 준비는 쉽지 않을 것이고, 준비 과정에서 시간만 허비하게 될 가능성도 있다. 섣불리 무언가를 하겠다고 천명하기보다는 현실적인 비용과 시간을 판단하고 냉철하게 기준을 세워야 성공적인 몰입형 메타버스를 이끌어 갈 수 있을 것이다.

05

한정적 가치에 공감시켜라

한정적 가치, 인싸력의 원천

우리는 한정판이라는 단어에 민감하다. 한정된 일원이 된다는 뿌듯함 때문이다. 그래서 한정판을 소유하는 건 인싸가 되는 지름길이라는 것이 대부분의 인식이다. 하지만 꼭 인싸력 때문만은 아니다. 한정판의 대부분은 가치가 올라간다. 예외가 있을 수도 있겠지만, 가지고 싶어 하는 사람의 수보다 공급량이 적기 때문이다. 그래서 한정판을 사서 재테크 수단으로 쓰는 '리셀테크'도 등장했다. 그만큼 한정판은 우리에게 의미하는 바가 크다.

보통은 이런 한정판을 가지고 있으면 SNS에 쉽게 인증한다. 인증 게시물은 해시태그를 타고 타임라인을 훨훨 날아다닌다. 날아다니면 다닐수록, 우리의 바이럴 효과는 증대된다는 것을 기억하자.

그렇다면, 이런 상황은 메타버스로 바꾸면 어떨까? 당연히 가능하다.

앞에서 말한 NFT를 활용하면, 메타버스의 중심을 '한정적 가치'로 치환할 수 있다. 소장욕구를 부를 뿐만 아니라 각종 바이럴을 통해 마케팅 효과를 거두는 좋은 방식으로 한정판을 활용하는 것이다.

좋아하는 농구 스타의 순간을 소장한다.(출처: 대퍼랩스)

NBA탑샷은 한정적 가치에 대한 고민을 담았다. 메타버스를 활용해 대중들에게 퍼져 나가는 좋은 방식이라고 본다. NBA탑샷 자체는 인기를 얻어 매출을 올렸고, 미국 프로농구 NBA는 놀라운 마케팅 효과를 거두었다. 핵심은 이렇다. NBA 스타들이 실제 경기에서 선보인 멋진 순간들을 짧은 영상의 형태로 만들어 NFT 발행을 진행한다. 꽤 많긴 하지만 한정판으로 발매가 되고, 대중들은 '팩'의 형태로 구매해 랜덤으로 NFT를 받게 된다. 한정판 숫자가 적으면 적을수록 가치가 올라가는 형태다. 또한 NBA의 활약이나 각종 기념 숫자의 의미를 더해 추가적인 가치가 붙기도 한다. 소장한 NFT는 메타버스 갤러리를 통해 다른 사람들에게 보여줄 수도 있고, 스스로 뿌듯한 마음을 가질 수도 있다. 활용은 각자의 몫이다. 하지만 현실에는 존재하지 않는 디지털 자산이라는 점, 그리고 갤러리 등 메타버스를 최대한 활용했다는 점에서 주목해볼 만하다. 좋아하는 NBA 스타의 순간을 소장하고 싶어 하는 사람들이 전 세계에서 몰려 큰 인기를 얻었고, 거래 역시 활발하다. 메타버스 갤러리를 통해 희소성 있는 순간을 자랑하는 사람도 많다. 이런 활동이 벌어질수록, NBA는 큰 마케팅 효과를 거두고 있다. 메타버스에 빠르게 적응하며 이제 NBA는 미국 내에서만 인기 있는 프로 스포츠가 아니며 전 세계에서 즐기는 스포츠로 등극했다. 이 과정에는 메타버스와 한정적 가치를 결합한 똑똑한 시도가 한몫을 담당했다. NBA판 메타버스와 NFT의 성공을 지켜본 관련 업계는 앞다퉈 한정판 개념을 적용하고 있다. 실제로 유사한 메타버스 공간 내에 전시가 가능한 NFT 야구카드가 등장하기도 했고, 여러 스포츠 분야가 메타버스를 활용한 마케팅을 시도하고 있다. 한정적 가치에 대한 대중들의 열광을 확인한 만큼, 다양한 매체를 통해 더 많은 사례가 나올 것으로 예상된다.

메타패션은 한정판과 함께 더 흥미로워지고 있다.(출처: 버버리)

패션 업계의 메타버스 적응은 경험을 활용하기도 하지만 한정판의 개념을 도입하기도 한다. 앞의 사례 분석에서 이미 여러 방향성을 소개했지만, 버버리는 메타버스 개념 자체와 한정적 가치를 결합해 마케팅을 시도하고 있다.

일단 버버리는 공식 채널을 통해 메타버스 게임을 선보였다. 버버리 캐릭터가 나와 서핑을 하는 게임인데, 버버리 컬렉션 디자인의 서핑보드를 사용한다. 서핑 보드뿐만 아니라 선글라스, 모자 등으로 캐릭터를 '버버리 마니아'로 만들 수 있다. 여기까지는 메타버스 최적화 경험이다. 하지만 버버리는 여기서 그치지 않았다. 다양한 메타버스 게임을 이용해 한정판 아바타를 출시하고, 한정판 의류 아이템을 판매했다. 버버리라는 브랜드 자체가 가지는 존재감도 대단한데, 의미 있는 한정판이라는 소식에 대중들은 열광하지 않을 수 없었다. 출시 가격보다 훨씬 더 높은 프리미엄에 팔리는 것은 물론이고, 뛰어난 바이럴 효과도 얻었다.

삼성전자 메타버스 경험을 완성하는 한 끗은 한정판이었다.(출처: 삼성전자)

삼성전자의 메타버스 경험을 완성시킨 요소는 무엇이었을까? 정답은 한정판이다. 삼성전자는 세계 최대 정보기술, 가전 전시회인 〈CES 2022〉에서 메타버스 체험 공간 〈마이 하우스〉를 공개했었다. 마이 하우스는 삼성전자의 다양한 제품을 활용해 집 꾸미기를 해볼 수 있는 메타버스 공간이다. 자연스러운 방식으로 브랜드 가치와 제품을 함께 경험할 수 있다는 점에서 큰 관심을 모았다. 단, 삼성전자가 이렇게 메타버스에 최적화된 경험만을 가지고 모든 것을 말한 건 아니다. 메타버스 내에서 과제를 수행할 시, 한정판 아이템을 제공하며 대중들의 소유욕을 자극했다. 실제로 삼성전자 마이 하우스는 공개일 기준 한 달 만에 방문 횟수 400만을 넘기며 엄청난 마케팅 효과를 자랑했다. 메타버스에 최적화된 경험, 그리고 한정판에 대한 관심이 이런 결과를 가져왔다고 해도 무방할 것이다.

한정판, 쉽지 않은 과제

물론 이런 메타버스 활용법에도 단점은 존재한다. 매번 한정판을 만들어내기가 쉽지 않다. 기왕이면 브랜드나 기업과 연관된 아이템들을 소개해야 마케팅 효과를 극대화 시킬 수 있을 텐데, 이런 주제를 항상 새롭게 제시한다는 것은 어려운 일이다. 그렇다고 해서 브랜드나 기업과 큰 연관이 없는 아이템을 제공하기에는 애써 구축한 메타버스에 대한 노력이 아깝다. 이런 딜레마에 빠지게 되면 지속적으로 관심을 모으는 것이 불가능할 수 있다.

또 가치에 대한 공감대를 찾기 어려울 수 있다. 유명 브랜드나 기업은 충분히 가치에 대해 대중들이 공감하겠지만, 인지도가 낮다면 한정판이라는 이름만으로는 지지를 이끌어낼 수 없다. 소유하고 싶다는 마음이 들지 않을 테니 말이다. 그렇다고 브랜드나 기업이 억지로 가치를 창조하는 것은 대중들의 마음을 무시하는 일이다. 자연스럽게 가치에 대한 공감대가 형성되는 건 매우 어려운 작업이고, 오랜 기간 동안 인지도를 끌어올리는 과정이 필요하다. 따라서 인지도가 낮은 상황이라면, 이런 기획을 준비하는 시간이 매우 오래 소요될 수 있다. 장기적으로 봤을 때는 시도해도 나쁘지 않은 방식이다. 하지만 주어진 시간이 많지 않고, 인지도를 처음부터 쌓아야 하는 상황이라면 한정적 가치를 활용하는 것은 효율적이지 않을 수 있으니 진지한 고민이 필요할 것이다.

06

마케팅의 목표, 메타버스와 함께 다양해진다

사례들을 통해 알 수 있는 가장 본질적 진리는 메타버스와 함께 마케팅의 목표가 다변화되고 있다는 것이다. 매스미디어 시대에 우리는 다수의 대중들에게 최대한 노출시키는 방향을 목표로 삼았다. 이 목표가 바로 마케팅의 기준이었고, 그래서 시청률이 높거나 의미 있는 수치를 가진 매스미디어에 광고를 노출시키려고 애를 썼다. 실제로 이런 방향은 효과가 있었고, 수많은 스타와 인기 제품을 탄생시켰다.

하지만 시대가 달라졌다. 뉴미디어의 시대에서 대중들의 관심은 분산되고 있고, 더 이상 누군가가 말하는 지배적 메시지에 공감하지 않는다. 대신 스스로의 마음의 소리를 듣고 있으며, 각자의 가치관을 활용해 마케팅 메시지를 판단한다. 그래서 한 편의 광고로 얻을 수 있는 결과는 점점 의미를 잃어가고 있는 게 현실이다.

이 상황에서 메타버스가 등장했다. 메타버스는 현실과 연결된 경험을 제공할 수 있다. 몰입감 있는 세계로 대중들을 초대할 수도 있고, 한정적 가치로 수집 욕구를 자극할 수도 있다. 혹은 메타버스 자체에 집중해 의미 있는 시간을 만들 수 있는 여력도 존재한다. 메타버스는 단순한 노출의 시대를 넘어 경험을 부각시키고, 이를 통해 이미지를 창조해내는 등 마케팅의 목표를 다양하게 만들고 있다.

냉정하게 판단했을 때, 매스미디어에서 제시하던 마케팅의 목표로는 대중과의 소통이 어려워졌다. 매스미디어가 힘을 잃었다는 뜻은 아니지만, 그만큼 의무적 노출에 포함되는 대중의 숫자는 계속 줄어들고 있다. 그러니 메타버스에 집중해야 한다. 다양한 대중들의 니즈를 다양한 목표를 통해 파고들 수 있는 근사한 해답이다. 사례를 통해 많은 목표를 확인하고, 이 중 우리의 상황에서 추구할 수 있는 가장 근접한 이야기를 반영해 새로운 시대의 마케팅을 설계하길 바란다.

PART 3

메타버스와 마케팅의 미래

METAVERSE

01

메타버스와 마케팅의 결합

마케팅할 공간을 찾아낼 것이다, 어디에서라도

사실 나는 사람에게 있어 마케팅은 필수불가결한 목표라고 생각한다. 언제, 어디서라도 마케팅은 필요하다. 제품, 콘텐츠, 가치, 심지어 1인 브랜딩을 꿈꾸는 사람에게도 마케팅이란 반드시 존재해야만 하는 행위다. 그래서 우리는 언제나 마케팅할 공간을 찾아왔고, 어려운 상황 속에서도 결국은 마케팅 시도를 완성했다.

매스미디어의 시대에서 뉴미디어 시대로 넘어가면서 수많은 SNS 마케팅 방식을 찾아냈다. 여기에는 단순한 콘텐츠 업로드도 존재했지만, SNS에서 상호작용을 일으키는 개발이나 기획도 다수 존재했다. 유튜브 역시 마찬가지였다. PPL을 넘어 콘텐츠로 승부하는 시대가 열리며, 마케팅 메시지를 싫어하는 대중들에게까지 성공적으로 도달했다.

메타버스에서 마케팅을 벌이는 이유는 끊임없이 새로운 마케팅 창구를 찾아내는 마케팅의 속성 때문이라고 생각한다. 우리의 일상 경험을 넘나드는 새로운 경험이다. 마케팅을 위한 필수불가결한 마음이 움직이지 않았을 리가 없다.

단, 기존 미디어와는 한 가지 다른 부분이 존재한다. SNS를 비롯한 뉴미디어, 그리고 영상에 대한 적응은 거의 반강제적으로 이루어졌다. 해당 미디어를 대중들이 많이 이용하기 때문에 넘어가는 방법에 대한 고민을 하지 않을 수 없었다. 그러다보니 아이디어가 적용되는 사례들보다는 미디어 특징에 최적화된 사례들이 훨씬 많았다. 대중들은 노출되는 마케팅 메시지에 빠르게 지쳐간 게 사실이다. 그래서 유튜브 광고를 안 보기 위해 구독 상품을 결제하고, SNS 타임라인은 빠르게 넘어간다. 획기적인 시도와 고민이 있었다면, 이런 상황은 발생하지 않았을지도 모르겠다.

하지만 메타버스는 강제적 노출보다는 자발적 노출을 노린다. 직접 경험해보고 판단하라는 것이다. 또 아예 현실과 동떨어진 미디어가 아니라, 현실과 연결된 구조가 존재하기 때문에 더 친숙하고 쉽게 다가갈 수 있다. 즉, 메타버스와 마케팅의 결합은 반강제적인 것이 아니라 필연적인 의미를 지닌다는 것이다. 게다가 기존에 마케팅을 벌였던 미디어와는 다르게 매우 입체적인 상호작용으로 지속가능한 마케팅에 대한 고민도 해결할 수 있다. 언제나 그렇지만, 우리는 방법을 찾았다. 특히 메타버스와 마케팅의 개념은 단순한 발견이 아니라 새로운 단계로의 전환이었다.

마주한 현실은 냉혹하다

메타버스를 품에 안고 바라보는 마케팅 환경은 예상보다 훨씬 더 냉혹하다. OTT의 성장과 함께 TV 보급률은 매년 하락세다. 여기서 말하는 TV는 OTT 등 다양한 미디어를 연결할 수 있는 스마트 TV가 아닌 전통적 개념의 TV를 말하는 것이다. 생각해보면 전통적 개념의 TV는 점점 필요가 없어진다. 연결성을 활용해 다양한 콘텐츠를 즐기고 싶은 대중들에게 점점 의미를 잃을 것이다. 이런 상황은 마케팅 목표에는 큰 위협이다. 노출 범위를 확대할 수 있는 기회 하나가 없어지는 것이기 때문이다. 또 뉴미디어에서 예상했던 성과를 거두지 못했다면, 결과를 보완할 수 있는 방식 하나가 힘을 잃어가는 것이기도 하다. 즉, 핵심적 성과를 낼 수 있는 방식을 찾아 정확하게 접근하는 마케팅이 점점 중요해진 것이다. 타깃이 명확하고, 전달할 수 있는 목표가 다양하지만 뚜렷한 메타버스는 그래서 더 중요하게 다가온다.

이뿐만이 아니다. 미래 가구의 기준은 '1인'이다. 1인 가구가 그만큼 계속해서 증가하고 있고, 소비나 각종 사회적 활동에서 차지하는 비중 역시 커지고 있다. 가구 구성원 수가 많으면, 같이 앉아 소통하며 노출되는 광고의 의미가 꽤 크다. 혼자서 봤으면 그냥 넘겼을 광고를 가지고 갑론을박을 하기도 하며, 광고에 등장한 제품이나 서비스를 놓고 이야기를 나누기도 한다. 이런 과정 자체가 노출 효과를 단단하게 만드는 과정 중 하나였다. 하지만 1인 가구의 증가는 노출 효과 증대의 가능성을 희미하게 하고 있다. 혼자서 바라보는 광고는 자신의 취향이나 관심사에 맞지 않으면 넘겨야 할 대상이다. 굳이 집중해서 볼 필요가 없고, 유튜브에서는 광고를 넘기기에 바쁘다. 핀포인트를 찌를 수 있는 지혜가 없다면, 1인 가구 시대에서는 노출 효과를 기대하기 어렵다. 메타버스의 중요성은 여기서도 찾을 수 있다. 취향에 맞는 경험이라면, 관심이 있는 경험이라면 메타버스 공간 내에 진입할 수 있다. 구성원의 동의나 생각의 공유가 없기에, 마음에 든다면 빠른 속도로 메타버스 공간을 방문하는 것도 가능하다. 변해가는 가구 구조를 생각했을 때, 메타버스가 마케팅의 기준이 될 것이라는 예측은 그래서 더 힘을 얻는다.

이렇듯 생각보다 더 냉정한 마케팅 현실 속에서 메타버스는 해답을 제시하는 좋은 파트너다. 하지만 아무리 좋은 파트너라도, 파트너의 본질을 정확히 깨달아야 완벽한 상호작용이 가능하다. 지금부터는 마케팅 관점에서 바라보는 메타버스의 본질적 의미를 찬찬히 살펴보도록 하자.

02

메타버스는 아바타 게임이 아니다

메타버스는 그래서 게임인가요?

메타버스의 본질을 이해하지 못하는, 그리고 메타버스를 미래의 먹거리라고 생각하지 못하는 대표적 이유가 바로 메타버스를 게임이라고 생각하기 때문이다. 여기에 아바타를 결합해 '아바타를 활용한 게임'이라고 바라보면 완전한 이해가 불가능해진다. 물론 메타버스의 기본이 되는 3D, VR, AR 등의 개념은 게임과 밀접한 연관을 가졌던 것이 사실이다. 또 메타버스의 경험 역시 게임처럼 이뤄지며, 실제로 기업과 브랜드가 게임과 연결시켜 마케팅을 진행한 사례도 많았다. 그래서 메타버스가 게임이라는 생각을 아예 부정하기는 어렵다. 하지만 메타버스는 단순한 게임이 아니다. 이유는 간단하다. 현실과 똑같은 상호작용과 이벤트가 존재하기 때문이다. 단순히 게임을 하고 끝나는 것이 아니라, 메타버스 공간 내에서 벌인 게임과도 같은 활동들이 현실에도 영향을 미친다. 현실과 완전히 똑같은 활동을 하기도 하고, 앞에서 말한 사례처럼 현실의 소비, 또 가치에도 영향을 준다. 그래서 메타버스 내에서 벌어지는 일들은 게임이라기보다는 '또 다른 현실'이라고 보는 것이 더 옳다. 스스로 참여 가능한 또 다른 현실의 공간을 찾아 다양한 이야기들을 만들어내는 것이다. 이런 상황을 고려해보면, 메타버스가 게임이라는 인식은 마케팅으로 향하는 목표를 다소 아쉽게 만들 수 있다. 메타버스를 활용한 게임에 쉽게 접근하는 것은 단순히 '게임'이기 때문이 아니다. 현실의 상호작용들이 그대로 적용된 의미 있는 가상의 '현실 세계'라 가능한 일이라는 것을 기억하자. 메타버스가 과거처럼 단순히 가상공간에만 집중했다면 지금과 같은 마케팅 효과를 내지 못했을 것이다. 또 의미 있는 개념으로 평가받지도 않았으리라고 생각한다. 메타버스는 현실에 대한 이해, 현실에 대한 접근, 그리고 현실에 관련된 모든 행동을 생각했기에 지금에 이르렀다. 따라서 메타버스로 마케팅을 진행하기 위해서는 게임에 대한 인식을 과감하게 버려야 할 것이다. 게임이라는 방식을 버리라는 뜻이 아니다. 메타버스에 대한 이해의 폭을 좁게 만드는 생각을 바꿔야 한다. 메타버스가 매우 중요한 자원임에도, 평가 절하의 상황이 이어지는 것도 마찬가지라고 생각한다. 메타버스는 우리가 위치해 있는 또 하나의 현실이자 사회다. 게임과는 본질이 다르다는 것을 반드시 기억해두도록 하자.

메타버스를 위해 부캐를 이해하라

처음 메타버스라는 개념이 각종 미디어에 등장했을 때, 한 지인이 "그거 싸이월드 아니야?"라고 말했다. 처음에 그 말을 들었을 때는 '그런가'라는 생각이 들었다. 그런데 곰곰이 생각해보니 틀린 말이 아니었다. 초보 수준이었지만 우리는 싸이월드에서 나만의 '미니룸'을 꾸몄다. 이 미니룸에는 나를 대신하는 아바타가 존재했다. 지금의 메타버스보다는 상호작용이 많지 않았지만 메타버스가 핵심으로 가지고 있는 요소들은 충분히 모두 존재했다. 연관성이 꽤 많다는 것이다. 이때 상당한 깨달음을 얻었다. 그래서 지금도 메타버스에 관해 잘 모르거나, 혹은 처음 접하는 사람들에게는 싸이월드 이야기를 먼저 꺼내는 편이다.

하지만 지금의 메타버스는 곧 싸이월드라는 연결공식은 통하지 않는다. 싸이월드와는 달리 현실과의 접점이 매우 많아졌다. 그래서 싸이월드의 상징과도 같았던 '아바타'도 의미가 많이 달라졌다. 그리고 이 아바타가 말하는 메시지가 메타버스를 통해 마케팅을 시도할 때 참고할 만한 기준 자료가 된다.

먼저 '부캐'라는 단어를 생각해보자. '부캐릭터'라는 말을 줄인 것이다. 부캐라는 단어가 열풍을 일으킨 곳은 엔터테인먼트 업계였다. 엔터테이너들이 완전히 다른 분야에서 활동하기 위해 부캐릭터를 만들었다. 특히 국민MC 유재석은 수많은 부캐를 모두 성공시키면서 예능 프로그램에서 인기를 끌었다. 이 사례를 보고 다른 엔터테이너들도 다양한 부캐를 시도했다. 하지만 부캐 열풍이 엔터테인먼트 업계만 지배한 것은 아니다.

미원도 부캐가 있었다.(출처: 대상)

이 열풍을 타고 미원도 부캐를 출시했다. 〈흥미원〉이라는 제품이었다. 이 제품은 맛있는 음식으로 느낀 행복감이 흥을 돋워 살 맛 나는 세상을 불러일으킨다는 의미를 담았다. 한정판으로 출시되었고 연차, 실패, 청첩장 등 MZ세대가 일상에서 공감할 만한 주제를 담은 광고까지 더해 상당히 좋은 반응을 얻었다. 미원이라는 제품을 잘 인지하지 못하고 있는 세대들에게 부캐를 활용해 인지도를 높인 좋은 사례이다. 미원 이외에도 부캐를 활용한 마케팅은 많았다.

치명적인 매력, 이호창 본부장(출처: 피식대학)

대한민국에 갑자기 치명적 매력을 갖춘 재벌 2세가 나타났다. 이호창이라는 사람이 그 주인공이었다. 그는 자신을 〈김갑생 할머니김〉이라는 김 회사의 미래전략실 본부장이라고 소개했다. 이후 다양한 콘텐츠를 선보이며 큰 인기를 얻었다. 실제로 김 제품은 콜라보레이션을 통해 마트에 출시되기도 했다. 하지만 자세히 뜯어보면 묘하다. 이호창이라는 사람은 없다. 개그맨 이창호의 부캐였다. 김갑생 할머니김이라는 브랜드도 없다. 물론 방금 말했듯 화제성이 높아지니 콜라보레이션을 통해 제품이 나오긴 했지만, 단발성이었다. 재벌 2세는 더더욱 아니다. 하지만 대중들은 알고도 속아주었다. 심지어 채용공고 관련 콘텐츠에는 과거에 지원을 했었다는 댓글도 등장했다. 현실에 없는 기업인데 지원을 했었다니, 도대체 이게 무슨 일인가 싶다. 하지만 그만큼 부캐에 녹아들었고, 부캐에 제시한 콘텐츠 놀이를 제대로 즐겼다고 보면 될 것이다.

아바타는 부캐, 전문성과 스토리를 만들어라

부캐는 사실 메타버스에 시사하는 바가 크다. 바로 메타버스 공간 내에서 가장 중요한 요소 중 하나인 아바타가 대중들의 부캐이기 때문이다. 부캐는 전문성을 상징하며, 치밀한 스토리를 동반한다. 이것이 무슨 뜻일까? 앞서 언급한 유재석의 부캐 이야기를 생각해보자. 만약 유재석이 창조한 부캐가 관련 주제를 제대로 소화하지 못했다면 어땠을까? 멀리 생각할 필요도 없다. 유재석의 트로트 가수 부캐인 '유산슬'이 트로트의 느낌을 전혀 살리지 못했다고 가정해보자. 과연 대중들은 이 콘텐츠에 공감할 수 있었을까? 마찬가지다. 피식대학의 이호창 본부장이 재벌 2세를 흉내 내기에만 급급했다면 과연 실제 김 제품을 출시하는 성과까지 이룰 수 있었을까? 불가능했을 것이라고 생각한다. 즉, 부캐가 추구하는 분야에 대한 전문성이 반드시 필요하다는 것이다. 스토리도 중요하다. 스토리는 치밀한 세계관과 연결된다. 그런 척하는 게 아니라 정말 푹 빠질 수 있는 구조를 제공하는 것이다. 다른 측면에서 보면 완벽한 소화력과 연기력을 모두 포괄하는 개념이다. 대중들이 빠져들 만큼 탄탄한 스토리를 준비하고, 이에 따라 하나씩 치밀하게 접근해야 공감을 끌어내는 것이 가능하다.

부캐의 성공을 말하는 전문성과 스토리를 고려하면, 아바타에 대한 답이 나온다. 우리는 아바타를 우리의 부캐로 인지한다. 부수적인 존재라기보다는 '나' 자체지만, 또 다른 공간에 존재하는 부캐다. 현실에 존재하는 내가 '본캐(본캐릭터)'라면, 메타버스에 존재하는 나는 부캐인 것이다. 이 부캐에게 대중들은 전문성을 바란다. 즉, 메타버스 내에서 벌어지는 활동들을 통해 전문성을 구비할 수도 있고, 혹은 자신의 전문성을 드러낼 수도 있다. 또 부캐에게 스토리를 부여하고 싶어 한다. 이 스토리를 통해 가상 공간에 동떨어진 존재가 아니라, 현실에서의 나를 치밀하게 반영한 부캐를 가지고 싶은 마음을 드러낸다.

따라서 메타버스의 경험은 전문성을 생각해야 한다. 이 전문성은 인재를 키워 내는 데 도움이 되는 전문성을 말하는 것은 아니다. 다만 평범한 주제로 유사한 메타버스를 양산하기보다는 기업과 브랜드, 기관에 가장 최적화된 이슈를 찾아야 한다는 것이다. 이것이 바로 기업, 브랜드, 기관이 말할 수 있는 전문성이다. 보통은 공간을 마련하고, 이 공간에서 많은 마케팅 메시지를 전하는 데 집중한다. 하지만 전문성을 보이지 못한다면, 그저 그런 메타버스 공간 중 하나가 되는 데 불과할 것이다.

패션에 대한 전문성, 구찌는 충분히 보여주었다.(출처: 구찌)

구찌는 여러모로 전문성을 구현한다. 특히 〈구찌 가든 아키타이프: 절대적 전형〉 전시를 기념하기 위한 메타버스 플랫폼 구축은 매우 돋보였다. 이 전시회는 구찌의 크리에이티브 디렉터 알레산드로 미켈레의 브랜드 철학을 직접 경험해볼 수 있는 것이 핵심이었다. 아이템뿐만 아니라 패션에 대한 전문성, 그리고 철학을 정확히 제시해 많은 대중들이 공감했다. 특히 패션에 대해 잘 알지 못하는 대중들도 공감했다는 점에서 전문성이 얼마나 중요한 이슈인지 알려주었다.

또 다른 하나는 스토리다. 사실 마케팅의 목표는 짧은 시간 안에 언급도를 끌어올리는 방식과 길게 보는 브랜딩으로 끊임없이 분화되고 있다. 메타버스는 후자에 가깝다. 짧은 시간 동안 대중들이 우르르 몰렸다 빠지는 것을 목표로 잡는다면, 다소 위험할 수 있다. 개발과 기획 과정에서 많은 노력과 비용이 든다. 이 노력과 비용을 한방에 날려버린다는 건, 정말 의미 없는 일이 될 수도 있다. 그러니 메타버스는 길게 내다봐야 한다. 스토리 구조를 정확히 정한 후, 후속 업데이트까지 모두 고려하는 시선이 필요하다. 오늘의 캠페인은 내일도 기억될 수 있어야 한다. 그러니 전반적인 스토리를 짜고, 이에 따른 상호작용을 배치해 정확한 기획이 뒤따라야 할 것이다.

03

왜 아바타에 돈을 쓸까?

아바타요? "접니다"

아바타요? "그게 바로 접니다."

이 대답이 진리다. 더 고민할 필요도 없다. 아바타는 캐릭터가 아니다. 그냥 메타버스에 참여한 대중들이 각자의 존재를 드러내는 방식이다. 그래서 분리해서 생각할 이유가 없는 것이다. 줌을 생각해보자. 온택트 시대에서 쌍방향 수업, 세미나, 회의 등을 가능하게 만든 줌은 참여자의 모습을 볼 수 있다. 이때 우리가 마주하는 건 참여자의 현실 모습이다. 메타버스에서는 현실의 모습 대신, 가상공간에 존재하는 내가 등장한다. 보여지는 모습은 조금 다를 수 있지만, 참여한다는 사실은 전혀 바뀌지 않는다. 그러니 아바타는 그냥 나다. 나의 역할을 대신하는 대리인이다. 단순히 역할만 대신하는 존재는 아니고, 플랫폼만 바뀌어 존재하는 입체적 대리라고 볼 수 있다. 아바타는 각종 메타버스 공간에서 나를 대신해 대화하고 소통한다. 콘서트에 참여하고, 수업을 듣고, 놀이기구를 타고, 쇼핑을 즐긴다. 그러다보니 필연적으로 시선에 민감해진다. 이 부분이 주목할 만한 사항이다.

'나'를 어떻게 볼 것인가?

우리는 남 눈치 안 보고 나의 마음을 반영하지만, 그래도 나를 다른 사람들이 어떻게 생각할지는 상당히 중요한 고려 사항이다. 이런 움직임은 남의 기준에 따라 나를 맞춰야 한다는 게 아니다. 내가 세상에서 어떤 모습으로 존재하는지가 궁금한 것이다. 그러다보니 SNS 타임라인을 꾸미고, 스스로를 위해 많은 일들을 하게 된다. 나는 이런 대중들의 마음을 마케팅의 관점에서, '브랜딩'이라고 표현하고 싶다. 기업과 브랜드, 기관이 대중

현실에서 자신을 꾸미듯, 메타버스에서도 아타바를 꾸민다.(출처: 신세계인터내셔날)

들에게 들려주고 싶은 이야기가 있는 것처럼, 이 시대의 개인들도 사회에 말하고 싶은 메시지가 있다. 현실에서 존재하는 셀프 브랜딩에 대한 욕구는 메타버스 내에서도 마찬가지다. 공간만 바뀌었을 뿐, 나에 대한 관심은 같다.

어그(UGG)는 인기 상품인 양털 부츠, 슬리퍼 등을 메타버스 아이템으로 내놓았다. 부츠 제품의 실제 가격은 20만 원선이다. 하지만 메타버스 공간 내에서는 약 700원 정도에 구매가 가능했다. 저렴한 가격에 실제 제품을 체험해보기도 하고, 메타버스 공간에서 아바타를 꾸며준다. 아바타는 나와 같기 때문에, 당연히 이미지 메이킹이 중요하다. 그러니 아이템을 구매해 입혀줘야 하고, 원하는 방향으로 꾸며야 한다. 아바타의 의미를 제대로 읽은 브랜드들은 이미 메타버스 아이템에 큰 관심을 보이고 있다. 진입 장벽이 존재했던 명품 브랜드들도 아이템을 활용하는 방식으로 메타버스 아바타들을 공략하고 있다. 현실에서는 못 사도, 메타버스에서는 부담없이 구매한다. 타인에게 보여주고 싶은 브랜딩을 위한 소비가 메타버스 공간 내에서는 거침이 없다. 심리적 부담도 없고, 비용적인 부담도 크게 적다.

별다른 고민 없이 결제할 수 있는 가격은 메타버스의 강점이다. 또 스스로를 꾸미고 싶은 마음을 반영하기도 쉽다. 그래서 멀게만 느껴지던 브랜드들이 앞다투어 메타버스를 활용하고 있으며, 이 추세는 앞으로 현실의 물건을 대체할 정도로 확장해 나갈 것으로 예상된다.

자, 이제 아바타에 돈을 쓰는 이유는 분명해졌다. 첫 번째는 스스로를 꾸미고 싶은 욕구다. 현실에서도 소비에 큰 영향을 주는 부분이지만, 나와 똑같은 존재를 만드는 메타버스에도 적용된다. 두 번째는 접근성의 향상이다. 현실에서는 못 사도, 메타버스에서는 살 수 있다. 각자 가지고 있던 소비에 대한 욕구가 접근성이 좋아지면서 더 폭발하고 있는 것이다. 세 번째는 존재감이다. 초반부터 계속 지적해오고 있는 부분이다. 아바타와 현실의 나는 같은 존재다. 그러니 이 두 존재를 분리해 생각할 필요가 없다. 현실의 나에게 무언가를 사줬으면, 메타버스에서도 같은 행동을 할 가능성이 높다. 현실에서 관심 있는 브랜드나 제품이 있다면, 메타버스 내에서 아이템화 되었을 때 관심을 가질 확률이 높다. 즉, 메타버스 내에서의 관심이나 소비는 현실의 방향성을 거의 비슷하게 따라간다. 그러니 아바타에게 현실에서의 관심사를 반영해주는 것이다.

아바타는 캐릭터가 아니다. 나의 소비, 관심사, 존재감, 사회적 영향력 등 수많은 가치를 투영한다. 그래서 아바타에 돈을 쓰는 행위를 거리낌 없이 진행한다. 이 부분을 고려해보면 메타버스 마케팅을 통해 소비 욕구를 자극하고, 관심사를 반영하며, 각자의 사회적 존재감을 드러낼 수 있는 상황을 만들어갈 때 성공적인 결과를 얻을 것이라는 예측이 가능하다. 아바타를 쉽게 생각하지 말자. 메타버스 마케팅 성공을 위한 모든 요소를 내포하고 있는 아바타의 뜻을 읽고 좀 더 나은 목표를 지향해보길 바란다.

04

각인효과, 대중에게 기억시켜라

각인시켜야 살아남는다

메타버스는 그 어느 때보다도 마케팅에서 '각인'에 대한 관심을 끌어올려주었다. 대중에게 여러 가지를 각인시켜야 한다는 것이 메타버스 마케팅의 포인트이기 때문이다. 그럴 수밖에 없다. 이제는 각인시키지 못하면 살아남을 수가 없다. 마트에 가거나 포털, 혹은 쇼핑몰에서 특정 상품을 검색해본 적이 있을 것이다. 마트에 가면 같은 상품 카테고리에 선택지가 넘쳐난다. 상품을 검색하면 정신이 없을 정도로 많은 상품들이 나온다. 냉정하게 말하자면, 대중은 우리가 없어져도 그다지 답답함을 느끼지 않을 가능성이 높다. 대체제는 언제나 존재하기 때문이다. 그러니 가치나 기능 등의 다양한 부분을 확실히 각인시켜 놓아야 한다. 없어지면 답답함을 느낄 정도로 각인이 되어 있어야 마케팅에 성공했다고 볼 수 있다. 아니면 최소한 붙잡아두기라도 해야 한다. 이탈하지 말아야 할 이유를 끊임없이 대중들에게 제시해야 한다. 이런 과제가 마케팅의 중심이 되었고, 실제로 다양한 방식으로 나타났다. 대표적인 것이 구독과 팬슈머의 개념이다.

구독과 팬슈머, 각인에서부터 출발했다

일단 구독은 '구독경제'라는 이름으로 많은 기업과 브랜드들이 시도했다. 구독료를 내면 할인해주거나, 혹은 해당 금액보다 높은 가치의 상품이나 서비스를 제공하는 방식이다. 구독을 선택했다는 것은 구독료가 합리적이라고 판단했기 때문일 것이다. 그러니 이탈 확률도 낮고, 정기적으로 소비할 층을 확보할 수 있다는 사실에 주목하면서 정말 많은 구독 상품이

할인 구독을 하고 있다면 어떻게든 써야 하지 않을까?(출처: 요기요)

쏟아졌다. 사례를 제시하는 게 어려울 정도로, 구독은 모든 업계에서 시도하는 개념이 되었다.

물론 구독은 대중의 마음에 큰 무게추가 존재한다. 그만큼 가성비를 챙겨야 하며, 구독할 만한 의미를 찾아줄 필요가 있다. 하지만 본질은 각인이다. 끊임없이 상품과 서비스에 노출되게 만들고, 구독료라는 개념을 반복적으로 생각하게 만드는 것이다.

요기패스를 생각해보자. 요기패스는 월 구독료를 내면 할인을 해주는 구독 상품이다. 만약 이 서비스를 구독하고 있다면, 다른 배달앱을 이용하려 하다가도 '아차' 싶을 것이다. 구독 갱신 기간이 다가오면 마음은 더 급해진다. 어떻게든 써야 한다는 생각이 있기 때문에 한 번이라도 더 사용하게 된다. 결국 각인이다. 구독했으니 할인받을 수 있다는 각인이 되어 있고, 정해진 기간 안에 써야 한다는 각인도 존재한다. 이런 방법으로 타 서비스나 브랜드로의 이탈을 방지하고 더 큰 각인 효과를 노리는 것이 바로 구독이다.

팬슈머의 개념도 마찬가지다. 팬슈머는 팬(Fan)과 컨슈머(Consumer)의 합성어다. 말하자면 팬심이 강한 소비자라는 뜻이다. 우리가 흔히 말하는 팬클럽과 같은 개념이다. 팬이라는 단어는 팬 활동을 의미하는 '덕질'이라는 개념과 함께 광범위하게 주목받았다. 원래는 엔터테인먼트 업계에서 시작되었다. 좋아하는 가수나 배우를 향한 지지는 수익을 내는 데 필요한 개념이었기 때문이다. 하지만 지금은 모든 산업계에서 주목한다. 일반 대중에 비해 충성도가 높고, 바이럴 과정에 나설 수 있다는 가능성이 높다. 즉,

확실히 지지해줄 수 있는 기반층이라는 것이다.

아예 팬들을 메뉴 선정에 참여시키는 방법도 있다.(출처: SPC그룹)

삼성전자, 풀무원 등 팬슈머 선점에 관심을 보이는 기업은 많다. 그중에서도 SPC그룹의 파리바게뜨는 아예 대중들에게 직접 출시 메뉴를 선정하는 방식으로 팬을 만들었다. 제품을 출시한 후 마케팅하는 방식을 선택한 것이다. 아예 출시할 제품을 선정하는 데 참여하게 만들어서 사전 마케팅을 진행했다. 이 방식은 파리바게뜨 팬층을 끌어모으며 많은 관심을 모았다. 이 마케팅은 제품의 출시까지 이미 유의미한 노출이 이뤄졌다고 볼 수 있다. 이 팬층은 일반적인 대중보다는 제품을 만났을 때 반응하는 속도도 빠를 것이다. 이런 팬슈머 활용 역시 각인이다. 여러모로 소통하는 방식을 보여주고, 팬으로서 관리받고 있다는 느낌을 줄 수 있다. 팬이라면 누구나 반길 일이다. '팬을 소중히 여긴다'는 각인을 통해 이탈을 방지하고, 또 '소중히 여길 팬을 만들고 싶다'는 메시지를 각인시킨다. 실망시키지 않는 한, 각인된 팬들은 쉽게 떠나지 않고 우리의 마케팅 효과를 뒷받침해 줄 것이다.

타깃층은 반드시 성장한다

이런 각인은 메타버스를 만나 더 큰 목표를 바라본다. 도대체 명품 브랜드들이 왜 메타버스에서 주목하는 것일까? 앞의 사례들에서 보듯 아이템을 팔고, 앞다투어 메타버스 공간을 활용한다. 그런데 이런 일련의 행위들이 타깃 면에서는 다소 의문이 생기는 일이다. 아이템이야 메타버스와 아바타의 특성상 충분히 시도할 만한 일이지만, 타깃이 다소 맞지 않는다. 대표적인 메타버스 플랫폼인 로블록스, 제페토, 이프렌드 등은 주요 사용자 연령층이 대부분 10~20대다. 이 중에서도 특히 10대들이 큰 비중을 차지하고 있다. 10대는 명품을 주로 구매하는 연령층은 아니다. 그러니 즉각적인 소비로 이어지지 않는 마케팅을 많은 노력을 기울여 진행하고 있는 것이라고 볼 수 있다. 타깃만 생각하면 이런 결론이 나온다. 하지만 브랜드와 기업은 타깃 외에 다른 것들을 고려하고 있다. 바로 각인효과다. 10대들은 메타버스 공간에서 시간을 보내는 데 익숙하다. 또 아이템을 구매하는 일도 쉽다. 아바타에 아이템을 구매해 입혀주면, 거의 매일 해당 브랜드에 노출된다. 메타버스 공간에서 상호작용하는 시간 동안, 해당 브랜드에 자연스럽게 노출되는 것이다. 심지어 아이템을 거래하면서도 브랜드명 등 다양한 브랜드 관련 콘텐츠를 보게 된다. 수없이 많은 노출의 기회가 있다. 이렇게까지 각인된 대중들이 훗날 백화점을 방문한다고 가정해보자. 메타버스를 통해 익숙한 브랜드와 전혀 모르는 브랜드 중, 어느 쪽을 친근하게 받아들일까? 답은 너무나도 명확하다.

메타버스 내에서의 각인 효과는 강력할 수 있다. 놀이나 콘텐츠의 형식으로 받아들이기 때문에 거부감이 없다. 끊임없이 노출되며 기억에 남을 가능성이 일반적인 마케팅 방식보다 훨씬 크다. 그간 이미 마케팅의 강력한 목표로 인식되어온 각인은 메타버스를 만나 더 거대한 의미로 다가오고 있다.

확신이 부족하다면, 메타버스에서 만난 타깃층이 반드시 성장한다는 것을 기억하자. 이들은 언젠가 경제력을 갖추게 될 것이고, 스스로를 위한 소비에 적극적으로 나설 것이다.

추억은 그냥 추억만 파는 게 아니다.(출처: SPC삼립)

포켓몬빵은 평범한 진리를 입증해주는 사례였다. 어렸을 때 포켓몬씰을 모으며 성장했던 10대들은 경제력을 갖춘 세대가 되어 엄청난 소비로 포켓몬빵의 출시를 뒷받침해주었다. 품귀 현상은 물론이고, 출시일 기준 1주일 만에 150만 개가 넘는 판매고를 올렸다. 이렇듯, 타깃층이 성장한다는 건 단순히 어른이 된다는 뜻이 아니다. 경제력을 바탕으로 각인된 이야기들을 적극적으로 추구한다는 것을 의미한다. 실제로 포켓몬씰에 대해서도 각인되어 있는 수많은 추억들이 SNS를 도배했다. 우리가 상대하고 있는 타깃층은 반드시 성장해 각인된 이야기를 현실로 바꾼다. 메타버스 역시 이런 개념을 반드시 적용하고, 적극적으로 활용해야 마케팅 효과를 끌어올릴 수 있을 것이다.

보상을 활용하라

각인에 대한 목표는 중요하다. 메타버스가 마케팅의 핵심으로 떠오르며 더욱더 주목해야 할 목표다. 물론 메타버스 활용도 좋지만, 상황이 아쉬울 경우는 구독이나 팬 확보 등 다양한 방법을 활용해도 좋다. 다만, 모든 방식에서 보상을 활용할 필요는 있다.

단순히 노출 인원을 늘리는 건 언제나 가능하다. 광고비만 충분하다면 큰 고민 없이 목표를 이룰 수 있다. 하지만 각인을 시킬 정도로 확실한 노출은 광고비를 많이 쓴다고 쉽게 접근할 수 있는 목표는 아니다. 차라리 대중에게 적절한 보상을 하는 것이 훨씬 효율적일 수 있다.

구독이 대중들에게 주목받고 마케팅 수단이 된 것은 가성비가 좋았기 때문이다. 좋아하는 주제라면, 굳이 구독하지 않을 이유가 없었던 것이다. 기업이나 브랜드 입장에서는 구독 비용보다 더 많은 혜택을 제시해도 나쁘지 않다. 어차피 마케팅으로 지출하려던 비용이 남아 있다. 이것을 대중에게 더 많이 받는 보상으로 돌린 것이 각인 효과에 많은 영향을 미쳤다. 팬슈머 공략도 마찬가지다. 팬에게 최대한 많은 의사결정을 하게 하고, 팬들을 관리하는 과정에서 보상이 이루어졌다. 눈에 보이는 상품일 수도 있다. 하지만 그야말로 '그 브랜드는 내가 키웠다'는 정서적 만족감을 줄 수도 있다. 유형도 좋고, 무형도 좋다. 보상의 형태를 제시할 수 있는 기획이 중요하다. 메타버스도 동일선상에서 생각하자. 현실에서 비싸게 구매해야 하는 제품을 메타버스에서는 싸게 체험할 수 있는 것이 곧 보상이다. 또 희소성 있는 아이템을 제공해 현실적인 경제적 가치까지 느끼게 하는 것도 보상이다. 즉, 참여하고 경험하면 보상을 받을 수 있다는 상황을 만들어 각인 효과를 노려야 한다. 누군가의 아바타가 우리의 제품을 착용하고 돌아다니면 타인에게는 곧 각인이며 바이럴이다. 매일 접속해 자신의 존재를 바라봐야 하는 당사자에게도 각인이다. 단순한 각인이 아니라 지속적인 각인을 위해 보상 체계를 설정하고, 이를 마케팅에 활용하는 지혜를 발휘하면 더 나은 성과로 가는 지름길을 찾을 수 있을 것이다.

05

고객풀을 만들어라

대중을 모으는 것, 점점 어렵다?!

강의를 위해 다양한 기업과 기관을 만난다. 그렇게 수많은 기업과 기관을 만나다보면 공통적으로 나오는 고민이 하나 있다.

"어떻게 대중을 모아야 하는지 모르겠어요."

기업 입장에서는 대중을 모아 마케팅 메시지를 전달하는 것이 매우 중요한 일이다. 기관도 정책이나 기관의 행보를 알려야 한다. 당연히 행사 등으로 대중을 모으는 일이 필요하게 된다. 그런데 어느 순간 이런 목표를 추구하기가 어려워졌다. 바로 팬데믹 때문이다.

갑작스레 닥친 팬데믹은 대중들을 모으는 일 자체를 불가능하게 만들었다. 뉴노멀이라는 이름으로 온택트가 등장했고, 대면하는 일이 줄어들었다. 물론 각자의 생각과 선호 방식은 다를 수 있다. 하지만 어느 한쪽으로 치우치진 않는다. 온택트 환경의 답답함을 넘어 대면하고 싶어 하는 대중이 있는가 하면, 공간의 제약 없이 효율성을 추구할 수 있는 온택트를 더 좋다고 느끼는 대중도 많다. 즉, 이제 타깃이 선호하는 방식은 분화되고 있다. 대면과 온택트, 한 방향성만 추구해서는 모든 타깃을 상대하기 어려워진 것이다.

그래서 보통 온택트로는 소통을 추구한다. 함께 존재하고 있다는 사실을 강조하고, 대면하지 않고도 모든 것이 가능하다는 점은 마케팅 포인트로 내세운다. 대면 환경은 경험이나 체험에 특화시킨다. 현실 공간이 가질 수 있는 강점에 방점을 찍겠다는 것이다.

오프라인 마트는 무조건적으로 체험과 경험에 집중한다.(출처: 롯데마트)

그래서 마트는 전략적으로 체험과 경험을 강조한다. 온라인은 편리한 쇼핑과 배송에 집중한다면, 오프라인이 가질 수 있는 최적화 포인트는 경험이다. 롯데마트는 맥스라는 체험형 매장을 만들었고, 홈플러스 역시 같은 전략으로 승부하고 있다. 물론 이런 움직임은 트렌드를 잘 읽은 선택이라고 본다. 하지만 이렇게 온오프라인으로 나눠서 생각하는 것은 다소 평면적인 해답일 수 있다. 만약 충분한 오프라인 공간이 없다면 어떻게 해야 할까? 혹은 오프라인 공간이 있어도 체험 프로그램을 운영할 자본이 부족하다면 또 어떻게 해야 할까? 이럴 때 대중을 모으는 방식을 새롭게 정의하면 생각보다 많은 아이디어가 나올 수 있다.

대중을 모으는 새로운 방법들

이 책에서 말하고 있는 메타버스가 가장 유력한 대안이긴 하지만, 그 전에 다른 아이디어도 짚어보도록 하자. 먼저 '라이브'가 있다. 온택트 트렌드에서 가장 많이 활용된 개념이다. 플랫폼도 다양하다. 유튜브도 라이브가 가능하고, 인스타그램에서도 가능하다. 라이브는 실시간 송출을 활용하는 것이지만, 각종 플랫폼에서 주목도가 상당히 높다. 유튜브와 인스타그램 모두 마찬가지다. 누군가가 라이브를 진행하고 있다면, 지나가려 하다가도 클릭해서 들어오는 경우가 많다. 게다가 댓글을 달 수 있으니 적극적으로 반응하기도 한다. 그래서 라이브를 활용해 대중들을 모아놓는다. 언제 어디서라도 접속할 수 있으며, 공간적 제약도 없이 사람을 모을 수 있다. 라이브를 통해 보여주는 콘텐츠만 괜찮다면, 모아놓은 후 마케팅 메시지를 전달하기도 쉽다. 그래서 플랫폼을 활용한 라이브는 반드시 고려해볼 만한 선택지 중 하나다.

라이브커머스는 대중들을 모으는 방식을 새롭게 만들었다.(출처: 네이버 쇼핑라이브 앱)

라이브와 결합해 나온 새로운 개념 중 하나가 바로 라이브커머스다. 요즘은 라이브커머스를 안 하는 기업을 찾는 것이 더 빠를 정도다. 다양한 분야에서 라이브커머스를 시도하고 있으며, 더 진화된 형태를 고민하고 있다. 우리에겐 이미 '홈쇼핑'이라는 수단이 존재한다. 하지만 역동성이 떨어져 점점 대중들을 모으는 가능성에 대해 의문이 생겼고, 이 와중에 라이브커머스가 등장하면서 뉴노멀의 시대를 이끌었다. 라이브커머스의 핵심은 송출 시간에 대중들을 모을 수 있다는 점이다. 제품이나 서비스의 특장점을 한 번에 설명하고, 궁금한 점까지 해결한다. 매우 입체적 소통이 이뤄지는 상황이라 대중들이 모일 이유를 만들어주는 것이다. 그래서 의미 있는 라이브커머스는 폭발적으로 대중들을 모으는 데 성공했고, 커머스의 새로운 대안으로 떠올랐다.

세 번째는 실시간 커뮤니케이션 플랫폼이다. 앞서 말했지만, 얼굴을 보며 소통하는 방식이다. 줌, 구루미 같은 플랫폼이 여기에 해당한다고 볼 수 있다. 이 방식도 활용도가 높다.

삼다수 랜선투어는 줌을 통해 실시간 질문을 받았다.(출처: 제주개발공사)

삼다수는 랜선투어를 진행했다. 사실 랜선투어는 기업이나 브랜드가 많이 택했던 방식이다. 하지만 삼다수는 여기에 줌을 활용했다. 한 회당 100명의 인원을 모아 실시간 견학을 진행하고, 질문까지 받는 방식을 사용한 것이다. 실제로 단순 랜선투어라면 아쉬웠을 상호작용에 대한 부분을 줌 활용으로 잘 보완했다. 대중을 모으는 방식의 새로운 측면으로 보면 성공적이었다.

자, 그리고 메타버스가 존재한다. 메타버스 공간을 만들고, 각종 상호작용을 동원해 대중들을 모으는 방식이다. 메타버스는 앞서 소개한 3가지 방법의 강점을 거의 모두 모아놨다고 해도 무방하다. 먼저 라이브가 가지는 생동감이 충분하다. 실제로 각종 라이브 행사가 메타버스에서 진행되고 있다. 커머스도 가능하다. 아이템 판매는 물론이고, 각종 판매 플랫폼을 연계해 구매 유도를 진행하는 것도 좋다. 줌이 가진 안정적 실시간 소통도 메타버스는 가능하다. 같은 공간에 모여 있는 대중들이 서로 소통하는 것도 좋고, 메타버스를 열어놓은 주체와 대화하는 것도 가능하다. 메타버스는 현실과의 연결성이 매우 좋기 때문에, 현실에서 대중들을 모아서 진행하는 모든 마케팅 활동을 모두 구현할 수 있다. 그러니 온택트를 선호하는 대중들을 모으기에 적합하고, 심지어 대면을 선호하는 대중들도 신기한 경험의 측면에서 충분히 접근이 가능하다. 그래서 새로운 기준의 시대에 대중을 모으는 방법의 기준으로 인식될 가능성이 매우 높다.

고객풀의 의미, 모으면 돈이 된다?

그렇다면 이렇게 다양한 방법들을 활용해 대중들을 모으는 것은 마케팅에서 어떤 의미일까? 이 의미를 알아야 진행할 의지로 작용할 수 있다. 결론부터 말하면 모으는 것 자체가 '돈'이라고 생각한다. 다소 현실적인 표현일 수도 있지만, 실제로 마케팅에서 의미하는 바가 매우 크다.

가장 기본적으로는 노출 인원 극대화다. 앞서 말했지만, 노출 인원을 늘리는 일은 충분히 가능하다. 모아놓지 않아도 실행 가능한 광고가 존재한다. SNS를 활용한 광고도 있고, 유튜브 광고도 있다. 이외에도 카카오, 네이버 등 우리가 사용 가능한 광고 수단은 많다. 하지만 노출 인원을 늘리려면 필연적으로 돈이 든다. 그래서 그간 만나온 기업과 기관들은 어김없이 이 비용을 '엄청난 투자'라고들 했다. 꾸준히 진행하려면 상당히 많은 돈이 들기 때문이다.

이 비용을 대신해줄 수 있는 것이 바로 대중들을 모아놓는 것이다. 물론 아예 돈이 안 드는 일이라고 볼 수는 없다. 각종 플랫폼을 처음 준비할 때는 일정 비용이 필요하며, 메타버스 구축에도 비용이 들어간다. 하지만 초기 비용 사용 후, 유기적으로 돌아갈 수 있는 전략만 짤 수 있다면 반복적으로 비용이 들지는 않는다. 또 메타버스 같은 공간의 상호작용에서 의미를 찾는다면, 자체적인 입소문을 기대할 수도 있다. 같은 관심사를 가진 대중들을 불러모으는 자발적 바이럴이다. 이렇게 대중들이 모이면, 결과적으로는 우리만의 데이터베이스를 구축하게 된다. 자발적으로 모인 대중들이 지금 같은 관심사를 가진 환경에 있다는 것은 큰 의미를 갖는다.

외부 트래픽 유도도 용이하다. 기업의 마케팅 컨설팅을 진행해보면 꼭 나오는 이야기가 있다. 바로 '자사앱'이다. 많은 기업이 대중들을 모으려는 마음을 담아 자사앱을 활용했다. 통합 기조까지 동원해 모든 서비스를 자사앱에서 한 번에 제공하는 시도도 했다. 하지만 큰 효과는 없었다. 특정 기업의 앱 자체에 접근할 일이 거의 없기 때문이다. 이뿐 아니라 마케팅을 위해 필연적으로 외부 링크를 활용해 이동을 하게 만드는 '랜딩 페이지'가 필요한 순간이 있었지만, 복잡한 과정을 싫어하는 대중들의 마음에 가로막혀 힘을 쓰지 못했다. 결국 우회 도로를 찾을 수밖에 없었다. 하지만 대중들을 모을 수 있다면 이야기는 달라진다. 실시간 플랫폼을 활용해 이동을 유도하거나, 혹은 메타버스 공간에서 미션을 주고 이동하게 만드는 등 다양한 방식을 시도할 수 있다. 즉, 그간 우리가 외부 트래픽 유도에 실패한 것은 접근성도 떨어지고 방법에 대한 설명도 부족했기 때문이다. 대중을 모은다는 의미는 외부 요소를 활용한 마케팅도 상당히 원활하게 돌아갈 수 있다는 것을 뜻한다.

인증도 유도할 수 있다. 지금의 뉴미디어 환경에서 인증이란, 바이럴의 모든 것과도 같다. 대표적인 예를 보자.

시몬스는 인증을 확대시키는 마케팅으로 해시태그 주도권을 쥐었다.(출처: 시몬스)

시몬스는 침대 기업이다. 다만, 가격대가 있는 제품이라 2030의 접근성은 다소 떨어졌다. 그러다보니 SNS 언급도에 한계를 느껴서 〈시몬스 하드웨어 스토어〉라는 굿즈샵과 〈시몬스 테라스〉라는 복합 문화 공간을 활용했다. 두 공간 모두 2030을 중심으로 큰 반응을 얻으며 SNS에 인증이 넘쳐났다. 시몬스가 직접 발표한 자료를 인용하자면, 2021년 5월까지 무려 14만 회가 넘는 해시태그 언급이 이루어졌다. 이후에도 이 수치는 계속 올라가는 중이다. 이는 침대 업계 최초의 기록이었고, 시몬스는 SNS 인증을 활용해 2030의 인지도를 끌어올렸다. 다소 접근하기 어려운 브랜드라는 인식 역시 산뜻하게 바꾸어 놓았다.

이처럼 인증은 매우 중요한 작업이다. SNS에 관련 해시태그를 검색했을 때 어느 정도의 언급량이 있는 것과 없는 것은 큰 차이를 가져온다. 특히 SNS 환경에 민감한 세대이면 더욱 큰 영향을 받는다. 그래서 인증을 늘릴 수 있는 작업은 현재 마케팅 환경에서 매우 중요한 요소이며, 다양한 수단을 통해 달성해야 하는 목표다. 메타버스는 이 목표에 최적화되어 있다. 대중을 메타버스 공간에 모아놓고 상호작용하게 만들면, 자연스레 인증이 이어진다. 특히 정체성 강하고 특이한 상호작용일수록 더 많은 인증을 기대할 수 있다. 사실 정체성이 다소 드러나지 않는다고 해도, 메타버스 자체가 기존과는 다른 방향성이라 인증할 가능성이 매우 높다. 대중을 모으는 것은 중요한 의미다. 메타버스를 활용해도 좋고, 다른 방식을 생각해도 좋다. 그것이 무엇일지라도 대중을 모아 인증하게 만드는 자극이 필요하다.

이처럼 대중을 모은다는 것은 큰 의미를 가진다. 그 자체가 마케팅 효과를 창출하기 때문에 '돈'이 된다는 표현이 어색하지 않다.

다양한 방법, 목표는 대중 모으기

대중을 모아 '고객풀'을 만드는 방법은 여러 가지가 있을 수 있다. 메타버스는 대중을 모으는 의미 있는 방식을 제안했고, 앞으로도 큰 역할을 할 것이다. 메타버스는 마케팅의 미래가 여전히 대중을 모으는 방법을 고민하는 것에서 출발한다는 것을 이야기하고 있다. 방식은 조금씩 다를 수 있겠지만, 대중은 가장 가까이 존재하는 잠재적 고객층이라 만나고 호흡해야 한다. 각자의 위치에서 대중을 모아 고객풀로 활용할 수 있는 방안을 고민하자. 마케팅의 미래는 여전히 대중을 향하며, 메타버스는 그 핵심으로 계속해서 대중을 만날 것이다.

PART

4

메타버스가 마케팅에 던지는 메시지

METAVERSE

01

4가지 측면으로 분석하는 경험 그리고 개인화

경험이 중요해지는 이유

메타버스는 무엇보다도 '경험'이 중요하다. 상호작용을 통해 모든 것들이 누군가에게 경험으로 다가가기 때문이다. 게다가 메타버스 자체가 경험이다. 기존에 경험하지 못한 새로움이기 때문이다. 이미 메타버스에 익숙해졌다고 해도, 상호작용만 다르면 색다른 경험으로 다가갈 수 있는 가능성도 높다. 메타버스는 거대한 경험 그 자체라고 생각한다.

그래서 메타버스를 통한 마케팅을 이해하기 위해서는 반드시 경험의 개념을 알고 넘어가야 한다. 보통은 '체험형 마케팅'이라고 한다. 하지만 체험도 다양한 측면이 존재하며, 체험이라는 단어 하나로 말하기에는 부족하다. 이 장에서는 메타버스가 마케팅에 던지는 핵심 메시지인 경험을 알아본다. 단, 무조건적으로 메타버스를 통한 경험을 제공하라는 말은 다소 무책임하다는 생각을 한다. 상황에 따라 메타버스를 시도하지 못할 수도 있고, 또 메타버스 개발비를 다른 용도로 사용해야 하는 경우도 있다. 사업 규모가 그리 크지 않아 메타버스라는 단어 자체가 조금 부담스럽기도 할 것이다. 그래서 메타버스로도 활용이 가능하고, 꼭 메타버스가 아니더라도 마케팅에 반드시 쓸모가 있는 경험의 개념을 정리해보고자 한다.

먼저 배경부터 알아보자. 도대체 메타버스가 전면에 내세우는 경험이라는 개념은 왜 핵심 사항이 된 걸까? 기업과 브랜드는 왜 그렇게 체험형 마케팅에 애를 쓰는 걸까? 그 이유는 개인의 시대이기 때문이다. 소비에서 개인이 발견된 '각자의 사회'다. 자신의 관심 있는 분야에 집중하고, 관심 없는 분야에는 눈길도 주지 않는다. 관심 분야만 해도 충분한 상품과 콘텐츠가 공급되기 때문에 시간이나 노력을 분산시킬 여력이 없는 것이다. 게다가 큐레이션이 일반화된 시대다. 큐레이션이란 데이터를 수집해서 정리한 후, 적절한 추천을 해주는 서비스를 통칭하는 단어다. 단적인 예로 유튜브를 생각하면 좋다. 유튜브는 각자의 시청 이력을 모아 추천 영상을 띄워준다. 큐레이션 기조는 유튜브만 적용되는 것이 아니다. 음악, 쇼핑 등 광범위한 분야에서 활용된다. 이것은 무엇을 뜻하는 것일까? 굳이 다른 부분을 찾아볼 이유가 사라진다는 것이다. 알아서 추천해주는 파트너가 옆에 있고, 이 파트너는 점점 정교해져서 추천의 오차범위를 줄여가고 있다. 그러니 노력을 투자해서 스스로 검색하고 찾아낼 필요가 없어진다. 큐레이션은 좋은 개념이고, 마케팅에 활용하기도 좋은 부분이 많다. 하지만 불특정 다수에게 노출되어야 하는 목표를 가진 기업이나 브랜드에게는 상당한 위협요소가 될 수 있다.

이런 현실 속에서 경험이 주목받게 되었다. 관심 없는 분야라도 새롭거나 신기한 경험에는 반응한다. 이 경험을 바탕으로 선택을 할 수도, 하지 않을 수도 있겠지만 최소한 노출 효과는 거둔다. 큐레이션을 통해 추천받지 않았다고 하더라도, 흥미로운 경험에는 관심을 보인다. 경험 자체가 의미 있다면 관심사를 분산해도 아깝지 않다고 느끼기 때문이다. 그래서 경험시켜주면 마케팅 목표의 위협적 현실을 이겨낼 수 있다는 확신이 퍼지게 되었다.

경험시켜주면 노출 효과는 극대화된다.(출처: 올리브영)

올리브영이 진행하는 올리브키트는 말하자면 샘플 마케팅이다. 단 기존의 샘플 마케팅과 다른 점은 매월 주제에 따라 제품을 정리해 경험할 수 있게 해준다. 하지만 경험시켜주는 본질은 과거의 샘플 마케팅과 유사하다고 볼 수 있다. 각자 뷰티 관련 제품에 대해 관심 있는 분야가 다를 것이다. 하지만 시기적절하게 경험시켜 줄 수 있는 상품이 있다면, 필요에 의해 구매할 가능성이 높아진다는 것을 올리브영은 알고 있었다. 그래서 올리브키트로 마케팅을 전개하고 있고, 매달 올리브키트는 조기에 매진되며 효과를 보고 있다.

경험은 초보적 개인화와도 연관이 깊다. 가장 좋은 건 각자에게 모두 다른 선택지를 제공하는 것이다. 그것이 바로 개인화의 목표다. 하지만 현실적으로 쉽지는 않다. 모두 다른 상품이나 서비스를 내놓는다는 건, 기업이나 브랜드 입장에서 수익화에 위협을 주는 요소이기 때문이다. 그러니 경험시켜주는 것이다. 경험이 다가오는 방식은 각자에게 다를 수 있다. 경험이 주는 인상도 모두에게 다르다. 결국 경험의 결과가 모두에게서 다르게 나올 수 있기 때문에, 일정 부분 초보적 개인화를 달성할 수 있는 것이다.

트렌드를 고려할 때, 마케팅에서 경험은 핵심 요소다. 그리고 경험을 빛나게 만드는 트렌드는 앞으로 더 강해질 것이다. 1인 가구가 증가하고 있다. 이것은 스스로의 취향이나 관심사에 더 집중하는 사람들이 늘어난다는 뜻이다. 소비의 중심으로 기능하는 세대는 점점 집단보다는 개인에 훨씬 더 많은 관심을 보인다. 시간이 흘러가면 갈수록, 경험이라는 단어는 마케팅을 지배하는 개념이 될 가능성이 매우 높다. 그러니 준비하고 고민해야 한다.

과정을 경험하게 만들어라

이렇게 중요한 경험을 4가지 범주로 나눠 이해를 돕고자 한다. 첫 번째는 과정을 경험시키는 것이다. 일상적 콘텐츠, 메타버스 등 모든 방식으로 활용이 가능하다. 유튜브를 보면 많은 기업들이 생산 과정 영상을 올려두었다. 특히 식품 기업들은 더 이러한 콘텐츠에 주목한다. 이를테면 라면 생산 과정, 과자 생산 과정, 생수 포장 과정 등 기존에 알지 못했던 과정에 대한 것들이다. 하지만 생산 과정에만 국한되는 것은 아니다. EBS 극한직업을 보자. 유튜브에 올라온 콘텐츠들은 상당한 반응을 얻거나, 혹은 소위 빵 터진 영상이 대부분이다. 극한직업은 잘 알지 못했던 직업의 업무 수행 과정을 간접체험시키는 것이다. 모두 과정에 집중했음을 알 수 있다. 흥미로운 것은 이런 콘텐츠를 수면용으로 활용하는 사람들도 많다고 한다. 하지만 언제 이 콘텐츠를 소비하느냐의 여부는 크게 중요하지 않다. 수면용으로 소비해도, 결국 각인될 테니 말이다.

이처럼 과정을 경험시켜주는 콘텐츠는 톡톡한 마케팅 효과를 낸다. 생산 과정에 대한 콘텐츠의 접근이 늘어날수록, 대중들은 해당 제품에 계속해서 노출되고 있는 것이다. 오히려 열심히 준비한 제품의 광고보다 훨씬 더 높은 조회수를 기록하기도 한다. 잘 몰랐던 과정에 대한 호기심은 이렇게 경험을 향한 욕구로 표출되고 있다.

과정에 대한 경험은 반영하기도 어렵지 않다. 각각의 일상을 돌아보면 된다. 업무의 과정, 생산의 과정 등 모든 것이 콘텐츠다. SNS를 활용해도 좋고, 영상으로 제작해 유튜브로 활용해도 좋다. 좀 더 여력이 된다면, 메타버스 공간 내에 과정 체험 상호작용을 기획해도 좋을 것이다. 중요한 것은 이런 경험의 제공이 곧 마케팅 효과를 낸다는 사실이다. 그러니 우리가 가지고 있는 모든 과정을 돌아보고 콘텐츠화시키는 것이 중요할 것이다.

소통을 경험하게 하라

두 번째는 소통에 대한 경험이다. 앞서도 말했지만, 소통이나 참여에 대한 관심이 높다. 스스로 과정을 만들어간다는 만족감이 매우 크기 때문이다. 특히 소통은 마케팅의 관점에서 반드시 생각해야 하는 경험이 되었다. 이 자체가 기업이나 브랜드에 관한 '브랜딩'을 완성하기 때문이다.

생각해보면 대중들의 의견을 확인할 창구는 다양해졌다. 과거에는 홈페이지 게시판과 전화가 다였다. 하지만 지금은 SNS와 유튜브의 댓글, 커뮤니티, 카페 등 뉴미디어에 존재하는 모든 공간에서 대중들의 의견을 확인할 수 있다. 그러니 몰랐다는 말로 넘어갈 수 없는 시대가 된 것이다. 그래서 이 소통을 CS와 구분하라고 조언한다. CS는 아주 기본적인 사항이고, 소통은 CS보다 훨씬 더 입체적이다. 가령 투표를 통해 1등을 차지한 상품을 출시하거나, 의견을 받아들여 생산에 반영하는 등 소통하고 있다는 의식을 대중에게 심어주는 것이다.

공모전을 통해 소통한 아이디어가 세상에 나왔다.(출처: 롯데푸드)

롯데푸드는 공모전을 통해 만들어진 아이디어를 바탕으로 돼지바 신제품을 출시했다. 참여한 사람은 당연히 관심이 있을 것이고, 기본 방법과는 다른 출시 과정이 눈길을 끌었다. 실제로 각종 공모전을 통한 신제품 출시는 상당히 많은 곳에서 활용되고 있으며, 이 자체로 이목을 집중시키는 마케팅 효과를 내고 있다.

소통의 경험 역시 다양한 시도가 가능하다. SNS나 유튜브, 혹은 외부 미디어를 활용한 방법이 있다. 또는 메타버스 공간 내에서 실시간 공모전이나 발표회를 연다거나, 행사를 통해 많은 대중들이 한 번에 참여해 소통하도록 하는 방식도 좋은 기회를 제공할 것이다. 메타버스는 대중들과의 소통에 매우 용이한 환경을 제공한다. 따라서 메타버스를 활용한 흥미로운 CS프로젝트를 기획해도 마케팅에 큰 도움이 될 것이다.

대중들이 말하는 부분을 모두 수용할 수는 없다. 그것은 누구에게나 어려운 일이다. 하지만 최대한 많이 듣고 있다는 부분을 어필하고, 대중들에게 소통하고 있다는 뿌듯함을 제공하는 것이 그 자체로 마케팅이 될 수 있다는 사실을 잊지 말자.

체험을 경험하라

체험을 경험한다. 트렌드를 이끄는 뜨거운 개념이다. 사실 체험형 매장의 확대는 모두 경험에 대한 관심 때문이었다. 팬데믹 시국에도 체험형 매장은 계속 늘어났으며, 분야도 늘어났다. 대부분이 제품에 대한 체험을 강조했지만, 사실 꼭 제품이 중점에 서야 하는 것은 아니다. 마케팅 자체도 직접 체험하고 답을 얻게 만들어 오감으로 체득하는 경험을 주는 것도 각인에 큰 도움이 된다. 따라서 경험을 경험하게 한다는 이 개념은 반드시 체험형 매장으로만 국한해 고민할 필요는 없다. 마케팅 자체를 몸을 움직여 느끼게 해도 될 것이며, 마케팅 메시지를 직접 체험하게 하는 것도 좋을 것이다. 제품과 서비스를 벗어나 조금 폭넓은 고려를 해보는 것이 중요하겠다.

마케팅 공간을 직접 체험하는 건 흥미로운 경험이다.(출처: CJ제일제당)

CJ제일제당은 〈햇반컵반BIG〉이라는 제품을 출시하며 〈명탐정 컵반즈〉라는 팝업스토어를 열었다. 콘셉트는 '명탐정 사무소'였다. 마치 방탈출 카페와 비슷하다. 공간 자체의 콘셉트도 흥미롭고, 추리게임이라는 가상의 세계관을 놀이로 느낀 대중이 많아 좋은 반응을 얻었다. 만약 평범한 햇반 광고를 진행했다면, 경험할 만한 요소가 거의 없었을 것이다. 하지만 마케팅 자체를 콘셉트화하고, 이를 체험하게 하며 경험에 대한 니즈를 잘 반영해냈다.

체험에 대한 니즈는 업계를 가리지 않는다.(출처: 코웨이)

코웨이는 각종 코웨이 제품을 체험할 수 있는 코웨이 갤러리를 선보였다. 코웨이와 유사한 렌탈 시스템을 선보이고 있는 SK매직, 교원 등도 체험형 매장에 큰 관심을 보이고 있다. 하지만 사례를 찾으면 끝이 없을 정도로, 체험에 대한 반영은 업계를 가리지 않고 이어지고 있다. CJ제일제당처럼 일정 기간 팝업스토어 형태로 운영하는 경우도 있고, 아예 마케팅 효과 극대화를 위해 상시 운영을 하는 경우도 있다. 기간과는 상관없이, 모든 업계가 큰 관심을 보이며 실행하고 있다는 것을 염두에 둘 필요가 있을 것이다.

하지만 조금 부정적인 시각으로 보자면, 체험을 경험하게 만드는 것은 비용이 많이 들어간다. 공간을 마련하고, 여기에 제품을 배치하기까지 상당한 비용이 든다. 물론 제품은 초기에 배치하면 변동이 일어나지 않는 한 추가 비용은 들지 않겠지만, 관리비용과 공간 때문에 발생하는 비용을 무시하기는 어렵다. 그러니 비용 없이는 시도하기 어려운 방식이다.

이런 현실은 생각을 조금 바꾸면 해결할 수 있다. 기존 운영 기조에서 방향 바꾸기, 혹은 메타버스 접근도 충분히 좋은 해답이 된다. 방향 바꾸기에 대한 것은 다음 장에서 자세히 설명하려고 한다. 메타버스 역시 상당한 비용이 소요되겠지만, 한 번 구축해놓으면 상대적으로 운영이 쉽다는 강점이 있다. 또 체험형 매장에 비해 다양한 타깃을 시공간을 초월해 상대하는 것이 가능하다. 체험형 매장은 위치에 큰 영향을 받는다. 마치 뜨거운 상권과 차가운 상권이 존재하는 것처럼, 유동인구가 많지 않은 곳에 있으면 별다른 효과를 거두기 어렵다. 또 유동 인구가 많을 경우에는 더 큰 비용이 필요하며, 아무리 유동인구가 많다고 하더라도 더 큰 확장은 어려울 가능성이 높다. 정말 의미 있는 공간이 아니고서는, 이 체험을 위해 멀리에서 방문할 사람은 많지 않기 때문이다. 하지만 메타버스는 환경만 갖춰져 있다면 어디서나 접근할 수 있다. 또 상대적으로 방문객이 가지는 부담감도 적기 때문에, 핵심적인 체험을 가동해 반복적으로 노출할 수 있는 전략도 짤 수 있다. 그래서 메타버스는 마케팅의 미래인 것이며, 가능한 부분을 끊임없이 고민하는 노력이 필요하다.

의미 있는 정보를 제공하라

경험에 대한 측면의 마지막 한 가지는 '정보의 경험'이다. 쉽게 생각하지만 결코 쉽게 답을 낼 수 없는 중요한 주제다. MZ세대의 특성 때문이다. MZ세대는 실용적이고, 당장 필요한 정보에 대해 더 큰 관심을 보인다. 10년 뒤에 의미 있는 정보도 사실 나쁘진 않지만, 당장 오늘 활용할 수 있는 정보를 더 의미 있다고 생각한다. 그래서 이런 의미 있는 정보를 반복적으로 경험시키면, 신뢰하게 된다. 이에 정보의 방향성을 고민하고, 끊임없이 경험시켜줄 필요성이 있다.

이를 위해 정보의 중심은 '대중'이 되어야 한다. 우리가 말하고 싶은 정보가 아니라, 대중이 궁금해할 만한 정보를 제공해야 하는 것이다. 아주 단적인 예로 이해를 심화시켜보자. A라는 기업이 있다고 가정해보자. 보통 기업에서는 각종 마케팅 프로젝트를 선보이거나, 혹은 기업의 행보를 알리기 위해 최선을 다한다. 하지만 마케팅 프로젝트는 그렇다 치더라도, 기업의 행보는 지극히 '기업 중심적'이다. 대중들은 그렇게 궁금하지 않을 수도 있다는 것이다. 물론 ESG[1]를 비롯한 의미 있는 사항들은 충분히 알릴 만 하겠지만, 이 역시도 단순 알림은 대중들이 궁금해하지 않는다. 도대체 이런 행보가 대중들에게 어떤 도움을 줄 수 있을지를 더 궁금해할 것이다. 이미 해답은 나왔다. 의미 있는 행보 중 대중에게 도움될 만한 것, 그리고 기업의 타깃층에게 도움될 만한 정보를 제공하는 것이다. 이를테면 취업 정보나, 혹은 기업의 핵심 제품이 위치한 분야의 트렌드나 최근 추세를 제공하는 것이다. 이 방향은 의미 있는 정보를 경험하게 하는 방식이고, 실제로 많은 기업과 기관이 성공적 사례를 만들었다. 특히 해양경찰청은 SNS를 통해 해양경찰 지원 시 가산점 기준 등 매우 실용적인 정보를 경험하게 만들어 많은 공유를 이끌어냈다.

SKT는 정보의 방향성을 대중 중심으로 전환했다.(출처: SK텔레콤)

1) 기업의 비재무적 요소인 환경(Environment)·사회(Social)·지배구조(Governance)를 뜻하는 단어

SK텔레콤은 유튜브 콘텐츠 〈을지피플〉을 통해 트렌드나 취업 등 매우 실용적인 정보를 선보였다. 트렌드는 전반적인 산업계에 대한 의미 있는 정보를 다뤄 공부에 부족함이 없었고, 취업 관련 콘텐츠는 살아 있는 정보로 대중들을 사로잡았다. 덕분에 SK텔레콤은 유튜브 콘텐츠 성공을 경험할 수 있었고, 마케팅 효과를 톡톡히 누렸다.

이런 방향성은 여러 가지 활용이 가능하다. 유튜브 영상을 활용해도 좋고, SNS 카드뉴스도 좋은 기회를 제공할 것이다. 방향 자체에 대한 기획이 매우 중요한 요소이기 때문이다. 메타버스도 좋다. 메타버스의 상호작용을 대중에게 도움될 만한 정보 위주로 기획하는 것이다. 타깃층의 방문은 물론이고, 잠재적 타깃층을 확보하는 데도 큰 도움이 될 것이다.

경험은 마케팅의 기준이다

메타버스가 마케팅에 전하는 메시지의 기준은 경험이다. 4가지 측면을 참고해 다양한 경험을 제공할 수 있다면, 마케팅 효과를 더 끌어올릴 수 있는 기회가 생길 것이다. 단, 플랫폼을 한정해 생각하는 아쉬움을 범하진 말길 바란다. 메타버스 자체도 다양한 아이디어를 적용할 수 있는 플랫폼이고, 메타버스와 함께 고려해볼 만한 기존 플랫폼도 많다. 따라서 돈과 시간이 없어서 못했다는 핑계는 의미가 없다. 다양한 선택지에서 가장 최적화된 답을 찾고, 경험의 의미를 최우선으로 삼으면 메타버스가 마케팅에 던진 과제를 해결할 수 있을 것이다.

02

아바타가 상징하는 트렌드, 페르소나 운영법

또 다른 자아가 필요하다

메타버스의 핵심 중 하나는 아바타다. 그리고 이 아바타의 속성과 연관해 부캐의 중요성을 앞 장에서 설명했다. 부캐는 사실 메타버스 공간 내에서만 존재하는 것은 아니다. 어쩌면 우리는 일이나 공부에 열중하는 자아, 그리고 주말을 맘껏 즐기는 자아 등 상당히 많은 부캐를 이미 지니고 있을지도 모른다. 그러니 부캐는 생각보다는 더 익숙한 개념이고, 활용할 만한 부분도 많다.

부캐는 마케팅 메시지를 콘텐츠화하는 데 큰 도움이 된다. 거부감도 덜 느끼며, 세계관이 계속 이어질 경우에는 연속성도 좋아 끊어지지 않는 마케팅을 가능하게 만든다. 이렇듯 부캐는 메타버스에서만 주목할 게 아니라 마케팅 환경에서도 주목해야만 하는 개념이며, 메타버스가 마케팅에 던지는 또 다른 메시지 중 하나다.

우리는 늘 또 다른 자아가 필요하다는 것을 인지하고 있다. 주말을 만끽하는 자아로 일에 매진할 수는 없다. 반대로 일에 열심히 집중하는 자아로 주말을 즐기긴 어렵다. 상황에 맞는 부캐가 필요하다는 것이다. 이뿐만이 아니다. 수많은 마케팅 메시지에 노출되며 대부분의 대중들이 깨달은 진리가 하나 있다. 마케팅은 마케팅일 뿐, 그 이상도 이하도 아니라는 것이다. 그렇기 때문에 심각하게 받아들이지도 않고, 그렇다고 해서 쉽게 받아들이지도 않는다. 전략적인 중립을 유지하거나, 아니면 그냥 손도 대지 않는다. 그렇기 때문에 부캐가 필요해진다. 기업과 브랜드, 기관의 메시지를 무조건 대변하지 않는 또 다른 자아다. 최대한 거부감 없이 소통할 수 있는 지점을 위해서 반드시 또 다른 자아를 고민하고 적용해야 할 것이다. 메타버스가 상징하는 메시지를 반영하려면 말이다.

페르소나 운영법이란?

부캐를 활용하는 방법으로 페르소나 운영법을 제시한다. 이 합성어는 다른 어딘가에 존재하는 것이 아니다. 인용도 아니다. 이 운영법을 쉽게 설명하기 위해 내가 만들어낸 단어다. 생소하게 느낀다면, 그 느낌이 맞다.

페르소나란 지혜와 자유의사를 갖는 독립된 인격적 실체라는 꽤나 어려운 뜻을 가지고 있다. 마케팅을 위해서는 이렇게 복잡한 뜻보다는, 그냥 독립된 인격이라는 말만 기억해도 무방하다. 독립된 인격으로 완전히 독립된 운영을 택하라는 것이다. 이런 상황을 한번 생각해보자. A라는 화장품 회사가 있다고 가정하자. 이 회사가 마케팅 활동을 위해 SNS 계정을 만들기로 작정했다. 그렇다면 A라는 회사명을 그대로 써야 할까? 만약 큰 인지도를 가진 회사라면 그럴 수도 있다. 하지만 그렇게 큰 인지도를 가진 회사가 아니라면, 대중들은 해당 계정을 보고 제품을 떠올리기 어려울 것이다. 게다가 회사명으로 이뤄진 계정은 다소 딱딱하게 느껴지거나, 혹은 회사 이야기만 올라올 것이라고 짐작해버리는 경우가 많다. 그래서 팔로우나 반응이 어렵다. 대신 A가 화장품 회사라는 점을 고려해 다른 페르소나를 창조해보면 어떨까? 이를테면 뷰티 분야에 관련된 정보를 모두 전달하는 계정을 운영하는 것이다. 화장품 사용법, 시기에 맞는 화장품 추천 등 다양한 정보 콘텐츠를 다루는 방식으로 말이다. 대중들은 회사 계정보다는 훨씬 쉽게 접근할 것이다. 필요한 정보가 모여 있기도 하고, 일반 회사라는 느낌보다는 정보를 주는 스토리텔러로 인식할 가능성이 높다. 이런 방식이 바로 페르소나 운영법이다. A라는 회사가 회사명을 뛰어넘어 독립된 자아를 가진 계정을 만든 것이다.

페르소나 운영법은 유튜브와 SNS에서 모두 활용이 가능하다. 심지어 블로그에도 글을 쓰는 화자를 설명하면 적용할 수 있다. 이뿐만이 아니다. 메타버스 내에서도 대중을 중심으로 상호작용하는 프로그램을 진행한다면 페르소나 운영법이라고 할 수 있다. 아바타는 각자의 자아, 혹은 각자를 상징하는 부캐일 수 있다. 그러니 수많은 페르소나들이 모여 더 큰 목표를 만들어가는 거대한 페르소나 운영법으로 보면 좋을 것이다. 혹은 메타버스 자체를 페르소나로 설정하는 것도 가능하다. 회사명, 브랜드명을 넘어 새로운 프로그램의 이름을 정하는 것이다. 그리고 이 이름을 바탕으로 어울리는 주제의 상호작용을 기획한 후, 공간 내부를 통해 간접적인 마케팅 메시지를 전달하는 방식을 생각할 수 있다. 이렇듯, 페르소나 운영법은 플랫폼을 뛰어넘어 매우 다양한 전개가 가능하다.

아모레퍼시픽의 뷰티포인트 유튜브 채널은 또다른 자아다.(출처: 아모레퍼시픽)

아모레퍼시픽은 상당히 흥미로운 유튜브를 운영하고 있다. 뷰티 제품을 통해 다양한 콘텐츠를 구사하는 영상을 올린다. 색깔과 감성, ASMR 중심으로 화장품을 부수는 것이 핵심이다. 코덕(코스메틱 덕후)이라면 아마 마음이 찢어질지도 모르겠다. 하지만 100만 구독자를 달성한 걸 보면, 이 특이한 감성에 공감하는 코덕과 대중들이 더 많은 것으로 보인다. 이는 전에 없던 콘셉트다. 화장품 회사가 화장품을 부순다는 것 자체가 신선한 설정이다. 하지만 아모레퍼시픽은 '뷰티포인트'라는 다른 자아를 만들어냈고, 기존 브랜드로는 하지 못했던 것들을 맘껏 선보였다. 많은 구독자와 조회수를 기록하며 마케팅 메시지는 성공적으로 각인되었다.

아모레퍼시픽이 자신들의 회사명과 브랜드에만 집착했다면, 이와 같은 결과는 나오지 않았을 가능성이 높다. 기존 범주를 벗어난 과감성, 그리고 새로운 자아를 설정하는 아이디어가 뷰티포인트의 인기를 가져왔다.

페르소나 운영법을 위해 기억해야 할 2가지

페르소나 운영법은 메타버스가 의미하는 메시지를 발전적으로 받아들이는 좋은 방법이다. 하지만 2가지는 꼭 기억해야 한다.

첫 번째는 톤 일치다. 들쑥날쑥하지 말라는 것이다. 새로운 자아를 만들다보니 푹 빠져들지 못해 원래 자아가 툭하고 튀어나오는 경우가 많다. 우리에겐 그저 단순한 실수겠지만, 대중들에게는 몰입을 방해하는 요소가 될 수 있다. 그러니 항상 톤을 점검하고, 일치하지 않는 부분을 수정해야 한다.

남양주시는 기관 브랜딩에 정약용이라는 위인을 적극적으로 활용한다. 실제 공식 SNS에서도 정약용 인형을 기반으로 페르소나를 이용한다. 페르소나가 정약용 선생이다보니, 당연하게도 사극 톤을 사용한다. 조선시대를 다룬 사극에서 보던 바로 그 톤이다. 만약 이 톤이 일치하지 않는다면 어떨까? 어색함을 감추기 어려울 것이다. 야심차게 준비한 페르소나가 와르르 무너지는 결과를 가져올 수 있다. 그래서 톤은 페르소나를 설정할 때 매우 중요한 요소이며, 콘텐츠마다 완벽하게 반영되어야 한다.

단, 톤만 일치한다면 페르소나는 다양하게 활용 가능하다. 남양주 사례처럼 역사 인물도 나쁘지 않고, 사물, 동물, 혹은 상황 설정도 가능하다. 연령대를 설정한 화자도 가능하고, 지역에 따라 사투리 등을 활용하는 것도 좋다. 페르소나의 특성만 정확히 고려해 톤을 반영하면 무궁무진하게 적용할 수 있으니 아이디어의 원천으로 활용해보도록 하자.

두 번째는 콘텐츠의 연속성이다. 첫눈에 반하는 사랑을 믿는가? 각자 생각이 다를 것이다. 적어도 나는 불꽃 튀는 사랑이 존재한다고 믿지만, 마케팅에서는 절대 불가능하다고 말한다. 첫눈에 마케팅 메시지에 푹 빠지는 사람은 결코 없다. 만약 이런 사람이 다수 존재했다면, 마케팅에 관해 고민하는 사람은 없었을 것이다. 하지만 날카로운 시선으로 바라보는 대중들이 많기에, 우리는 첫눈에 사로잡기보다는 큰 호흡을 생각해야 한다. 그것이 바로 콘텐츠의 연속성이라고 할 수 있다.

페르소나 운영도 마찬가지다. 단 한 번에, 우리의 이야기와 설정에 빠져드는 사람은 있을 수 없다. 그래서 한두 번 치고 빠질 생각을 가지고 접근한다면 시작도 하지 말라고 조언하고 싶다. 이런 마인드로 접근하기엔, 페르소나 운영에 기울이는 노력이 아깝다. 페르소나 운영은 길게 보고 가야 한다. 콘텐츠의 연속성을 생각해 최소한 10건 이상의 계획을 처음부터 잡고 시작하길 권한다. 가장 나쁜 속성이 '쪽대본'이다. 드라마에서 배우들이 준비할 시간 없이 촬영일 근처에 급하게 써내는 대본을 말한다. 마케팅에서도 충분한 기획과 고민 없이 그때그때 업로드에만 주목한다면, 쪽대본과 다를 바 없다고 생각한다. 페르소나 운영은 쪽대본으로는 아예 불가능하다. 이렇게 단발성 사고로는 마케팅을 완성하기 어렵고, 대중들은 연속성 대신 급하게 날조해 뚝뚝 끊어지는 페르소나를 접해야 한다. 빠져들기 어렵고, 공감하기 어려우면 대중들은 모두 떠난다. 그러니 쪽대본은 결코 페르소나 운영법에 적합하지 않다. 연속성을 생각하며 길게 기획하고, 꾸준히 이어갈 수 있는 환경을 만들어야 할 것이다.

이를 위해 지나치게 어려운 페르소나는 지양하길 바란다. 스스로 지쳐 나가떨어지는 일이 생긴다. 캐릭터를 설정하는 것도 좋지만, 정보 전달자의 역할부터 천천히 시도하는 것이 좋다. 길게 갈 수 있는 시선은 가장 편한 상황에서 나온다. 운영 자체가 불편하면 성공할 수 없다는 것을 기억하자.

03

놀거리 제공하기

우리는 모두 놀이를 위해 존재한다

마케팅을 말하며 언제나 언급하는 단어가 있다. 바로 '놀이'다. 사실 우리는 모두 놀이를 위해 존재한다. 대부분의 여가생활이 모두 놀이의 일종 아니겠는가? 유튜브에서 영상을 보며 즐거워하고, 이동할 때 음악을 듣고, 핸드폰을 보며 세상의 이슈에 집중하는 등 모든 것이 놀이다. 그래서 이런 생각을 하곤 한다.

"저 놀이의 일부가 되면 마케팅이 극대화되지 않을까?"

대부분의 사람들도 같은 생각을 하리라 생각한다. 마케터라면 더욱 그럴 것이다. 그래서 마케팅은 '놀거리'를 제공하는 데 집중해야 한다. 앞으로 복잡해질 마케팅 환경에서도 놀이는 여전히 존재할 것이기 때문에, 이 목표가 가져다주는 성과 역시 변함없을 것이다.

메타버스를 생각해보자. 대부분은 메타버스에 왜 접근하는가? 그렇다.

놀기 위해서다. 물론 메타버스의 상호작용은 많다. 수업, 업무, 컨퍼런스 등 다양한 상호작용이 가능하다. 따라서 모든 것을 놀이로 설명할 수는 없다. 하지만 이런 특수한 목적이 아니라면, 대부분 매우 심각하고 심오한 의도를 가지고 메타버스에 접근하진 않을 것이다. 각자의 방식대로, 놀이로 메타버스를 즐기고 싶다는 마음으로 가상공간이 진입한다. 그러니 이런 니즈를 정확히 파악하고 최대치로 반영할 수 있게 해주는 것이 필요하며, 이 과정을 통해 마케팅 메시지를 전달할 수 있다면 가장 좋을 것이다.

우리의 일상을 떠올려보자. 여가시간을 보내는데, 아무것도 없이 벽만 쳐다봐야 하는 상황이 주어졌다. 딱히 인상적인 콘텐츠나 물건은 없고, 그저 여가시간을 때워야 하는 것이다. 이걸 놀이라고 할 수 있을까? 대부분은 고문이라고 생각할 것이다. 그렇다. 놀이에는 수단이 필요하다. 뭐라도 하나 있어야 놀이로 인식할 수 있다. 그래서 우리는 대중들에게 이런 수단을 제공해야 하며, 이 수단을 통해 마케팅 메시지를 전달하려는 고민을 해야 한다.

이슈 전달 구조가 있다?

놀이를 이해하기 위해 이슈 전달 구조를 생각해보자. 우리가 이미 알고 있지만 정리해본 적은 없는 바로 그것이다. '밈'을 떠올려보자. 밈은 보통 짤, 캡처 등을 의미한다. 영상과 이미지 모두 가능하다. '드립의 민족'이라고 말하는 우리의 드립 실력은 일명 '댓글밈'을 탄생시켰다. 콘텐츠에 달리는 재미있는 댓글들을 모아 또 다른 콘텐츠를 제작하는 방식이다. 예를 들면 뮤직비디오를 보며 대중들이 댓글을 단다. 여기에서 재미있는 댓글을 모아 뮤직비디오의 장면과 함께 또 다른 영상을 만들어낸다. 댓글밈은 이렇듯 하나의 콘텐츠가 만들어질 정도로 흥미로운 재미를 자랑한다. 그만큼 대중들의 드립이 주옥같다는 뜻이기도 할 것이다.

사실 댓글은 진지한 고민보다는 순발력이 만들어내는 콘텐츠다. 그러니 어떤 작업이라기보다는 놀이에 가깝다. 놀이의 형태로 단 댓글이 다시 이야깃거리가 되고, 또 콘텐츠가 된다. 이런 식으로 댓글의 원천 콘텐츠나 상품은 끊임없이 바이럴되는 것이며, 생각하지 못한 마케팅 효과를 누린다. 이게 바로 놀이의 본질이다.

보통 최근의 이슈 전달 방식은 이 예시와 비슷하게 이루어진다. 흥미로운 이슈를 발견한다. 그러면 관련된 커뮤니티에서 1차적으로 화제를 모은다. 이때 대중들은 댓글을 주고받으며 이슈를 소비하고 놀이를 즐긴다. 이후 이 댓글이나 반응이 모여 2차적으로 이슈가 퍼진다. 2차 미디어는 유튜브, SNS 등이다. 이미지, 혹은 영상의 형태로 또다시 놀이의 재료가 된다. 소통을 주고받는 공간에서 재미있는 이슈는 언제나 좋은 놀이 수단이다. 이를 통해 1차, 2차 노출이 이루어지고 이후에 이 콘텐츠를 기반으로 한 단계 정제된 3차 콘텐츠들이 만들어진다. 3차 콘텐츠들은 단순한 캡쳐가 아닌 큐레이션 형태를 가진다. 이런 이슈들을 모아 다시 한 번 정리하고, 주제에 따라 콘텐츠화를 진행하는 것이다. 이렇게 총 3차에 걸쳐 재미있는 이슈들이 퍼진다. 마케팅의 관점에서는 이런 구조를 주목하고 놀거리, 즉 소통의 재료가 될 만한 재미있는 콘텐츠들을 선점해 제공할 수 있어야 한다. 이후 꾸준한 바이럴은 자발적으로 이루어지기 때문에 매우 큰 효과를 기대할 수 있다.

이슈 전달 구조를 파악하면, 이후의 과정은 조금 쉬워진다. 만약 우리의 콘텐츠에 흥미로운 반응이 있다면, 이것을 직접 소개해도 좋을 것이다. 혹은 커뮤니티나 SNS를 통해 반응을 수집하는 것도 가능하리라 생각한다. 메타버스를 통해 직접 이야기를 듣거나, 혹은 대중들의 반응을 지켜보는 것도 선택지 중 하나다. 어느 경우에도 수동적 태도만 유지하지 않으면 된다. “하늘은 스스로 돕는자를 돕는다”고 했다. 지금과 같은 뉴미디어의 시대에서는 더욱더 그렇다. 기업이나 브랜드, 기관이 대중의 반응을 기다리는 시대는 끝났다. 먼저 반응을 수집하고, 생각한 반응이 아니라면 방향을 수정하는 적극성이 필요하다. 이슈의 전달 구조를 명확히 인지한 후 접근한다면, 헛발질을 할 확률이 낮아질 것이다.

모든 것을 놀이로 만들어라

사실 놀이라고 해서 복잡한 개념을 생각할 필요는 없다. 의욕적으로 나서는 모든 것이 놀이다. 식사한 메뉴를 SNS에 인증해본 경험이 있는가? SNS를 통한 놀이다. 메타버스 공간에 들어가 인증샷을 찍어본 적 있는가? 역시나 새로운 경험을 통한 놀이다. 혹은 유튜브 영상이나 SNS 타임라인에 있는 지인의 게시물에 댓글을 달아보았는가? 모두 놀이다. 꼭 어렸을 때처럼, 장난감 없으면 놀 수 없는 시기는 지났다. 우리 주변에 존재하는 모든 행동이 놀이일 수 있다. 그러니 놀이라는 개념 자체를 크게 확장하고, 모든 사항을 놀이로 파악할 필요가 있다.

카구리의 마케팅 효과는 놀이에서 나왔다고 봐도 좋다.(출처: 농심)

카구리를 들어보았는가? 카레라면과 너구리를 조합한 제품이다. 다소 어색하다면, 짜파게티와 너구리의 조합인 짜파구리는 알고 있으리라 생각한다. 사실, 짜파구리와 카구리는 모두 '모디슈머'의 놀이로부터 시작되었다. 모디슈머란 조합을 뜻하는 영단어 'Modify'와 소비자를 나타내는 영단어 'Consumer'의 합성어다. 자신의 방식대로 조합해 새롭게 소비하는 대중들을 뜻하는 말이다. 짜파구리의 레시피도 모디슈머들이 공유하기 시작했고, 카구리 역시 PC방에서 인기를 얻은 메뉴로 모디슈머에 의해 탄생했다. 그리고 이런 아이디어에 주목한 기업이 차용해 제품화까지 이른 것이다. 당연하게도 이미 공감한 대중들이 많다보니 마케팅은 순조롭게 이루어졌고, '모디슈머 불패신화'라는 말까지 나왔다.

그렇다면 모디슈머는 왜 조합을 하는가? 놀이로 여기고 즐기기 때문이다. 자신만의 방법을 공유했을 때 쏟아지는 반응이 좋고, 이 방법을 활용하는 모습을 보며 뿌듯함을 느낀다. 조합의 방식이 매우 복잡하다면 이야기는 달라지겠지만, 대부분 크게 어렵지 않아 간단히 소개하고 올리기 좋다. SNS 활동은 놀이 아니겠는가? 놀이처럼 접근한 활동이 반응까지 이어지는 상황을 보며 다양한 아이디어가 쏟아져 나오는 것이다. 그래서 모디슈머의 존재는 매우 진지한 제품 연구라기보다는 SNS 활용을 통해 나오는 놀이에 가깝다. 만약 진지한 제품 연구라는 목표로 접근했다면, 이렇게 가볍게 활용되는 마케팅 포인트가 나오긴 어렵지 않았을까? 현 미디어 환경에서 놀이라는 개념이 주는 메시지는 모디슈머를 통해 읽어보면 좋을 것이다.

물론 놀이에 대한 집중이 모디슈머에만 집중되어 있는 것은 아니다. 앞에서 말한 밈도 마케팅에 활용할 부분이 명확하게 존재한다.

그래서 당신은 과감하게 묻고 더블로 갔는가?(출처: 버거킹)

배우 김응수의 존재감은 영화 〈타짜〉의 '곽철용'에서부터 시작된다. "묻고 더블로 가!"라는 한 마디가 MZ세대의 심금을 울렸다. 과감한 선택을 하면서도 흔들림 없는 곽철용의 뚝심이 어필했던 것은 아닐까? 아무튼 이 유와는 상관없이, 해당 대사는 짧은 밈이 되어 퍼졌다. 의도한 것은 아니었지만, 놀이의 측면에서 수많은 대중들이 접근하게 된 것이다. 이 놀이는 버거킹의 광고에도 영향을 주었다. 밈을 그대로 차용한 광고였기 때문이다. 이 광고를 접한 대중들은 친숙함을 느꼈고, 또다시 곽철용이 전성시대라는 이름으로 공유 놀이를 즐기기 시작했다. 해당 광고는 높은 조회수를 기록했고, 의미 있는 성과를 얻었다.

결국은 놀이다. 평소에 즐기던 놀이를 이용해 바이럴에 나서고, 놀이 과정이라고 생각하면 과감하게 뛰어든다. 그리고 자신도 모르는 사이에 바이럴 과정에 큰 역할을 담당하게 되는 것이다.

신한은행의 메타버스는 복합 놀이 공간이다.(출처: 신한은행)

메타버스도 놀이의 집합체라는 것을 기억하자. 신한은행은 메타버스 플랫폼을 공개하며 놀이 공간을 지향했다. 실제 은행 지점을 본떠 만든 〈브랜치〉, KBO와 협업하는 〈야구장〉, GS25와 함께하는 〈편의점〉 등 복합적인 놀이 공간을 구현했다. 게다가 신한은행 캐릭터를 잡는 일명 〈쏠래잡기〉 등 놀이 요소를 극대화시켰다. 대중들은 메타버스 공간에서 놀이를 즐기며 마케팅 메시지에 자연스럽게 노출될 것이고, 은행 자체의 정체성만 강조한 공간보다는 훨씬 더 공감할 재료가 많을 것이라고 생각한다.

메타버스는 마케팅의 '놀이화'를 촉진한다. 그만큼 우리는 마케팅을 놀이의 일부로 받아들일 수 있는 방법을 고민해야 할 것이며, 이런 고민이 장기적 마케팅을 위한 필수 조건이라는 것을 인지해야 한다. 더 이상 대중들은 일상의 놀이와 분리되어 있는 마케팅을 원하지 않는다. 대중들의 시간 안에 존재하는 마케팅을 위해 더 많은 노력을 기울여야 할 것이다.

04

Doing의 시대

보기만 하는 시대의 종말

어렸을 때 부모님을 따라 여행을 갔던 기억이 있다. 당시에는 내비게이션도 없었고, 각종 명소나 맛집을 망라한 자료도 없었다. 그러다보니 지나가다가 음식점이 보이면 밥을 먹고, 멋진 곳이 보이면 사진을 찍었다. 혹은 사람들이 많이 몰려 있는 곳에 갔다. 여행보다는 관광에 가까웠다.

하지만 이제는 상황이 많이 달라졌다. 여행 가서 하고 싶은 걸 물으면 열에 아홉은 '액티비티'를 꼽는다. 단순히 사진 찍고 둘러보는 것이 아니라, 의미 있는 무언가를 반드시 실행하고 싶다는 마음이 강한 것이다. 그래서 여행은 액티비티 위주로 변화하고 있고, 이런 추세를 '보기만 하는 시대의 종말'이라고 표현해보았다.

그런데 이 같은 추세가 여행에만 적용되는 것은 아니다. 메타버스도 마찬가지다. 단순히 공간을 만들어놓고, 그냥 둘러보다 나가는 메타버스는 살아남을 수 없다. 무언가 행동하고, 상호작용할 수 있는 부분이 반드시 필요하다. 유튜브나 인스타그램의 라이브에 왜 반응하는가? 영상을 보고만 있는 것이 아니라 반응하고 소통을 주고받을 수 있기 때문이다. 체험형 매장을 왜 찾아가는가? 눈으로만 보고 나오는 것이 아니라 직접 경험하고, 오감을 자극하는 자산을 얻을 수 있기 때문이다. 모든 면에서 단순한 '응시'는 없다. 눈으로만 보는 게 아니라 무언가 움직일 수 있는 여력이 필요하다.

행동을 만드는 마케팅의 중요성

이제 마케팅은 '행동'을 지향해야 한다. 행동은 체험이고, 자산이며, 기억이다. 체험하고 느껴서 소비로 연결하며, 자신만의 기준으로 다시 이해할 수 있는 자산이 되는 것이다. 이는 기억으로 남아 반복적인 소비로 연결된다. 마케팅 효과가 톡톡하다는 뜻이다. 몇 가지 사례를 통해 의미를 알아보도록 하자.

비대면이라도 '행동'할 재료는 충분했다.(출처: 동아오츠카)

동아오츠카의 포카리스웨트는 음료의 특성상 스포츠를 활용한 마케팅을 많이 시도한다. 그런데 팬데믹을 만나 쉽지 않은 상황을 마주했고, 모든 것을 비대면으로 전환해야 하는 과제를 떠안았다. 스포츠 마케팅의 비대면은 어려운 과제였지만, 행동하게 만드는 목표는 잊지 않았다. 일명 '버추얼 마라톤'을 꺼내든 것이다. 버추얼 마라톤을 제시한 포카리런은 원하는 시간과 장소를 달리는 비대면 방식의 마라톤이다. 참가자들은 팀을 이뤄 각자 원하는 시간과 장소에서 10킬로미터 코스를 달렸다. 물론 단순하게 행사를 비대면으로 돌리고, 사람들을 온라인으로 참여하게 만드는 방식도 가능했을 것이다. 하지만 이 경우에는 행동할 만한 과제가 없다. 피부로 느끼는 참여의 순간이 없는 것이다. 동아오츠카는 각자 원하는 코스를 달리라는 목표와 함께 행동 과제를 제시했고, 대안을 만들었다.

평면적 아이스크림 추천은 노노! 행동으로 해결한다.(출처: SPC그룹)

심지어 아이스크림을 추천받는 것도 행동하게 만든다. 굳이 이럴 필요가 있을까 싶을 수도 있는데, 멍한 표정으로 추천된 아이스크림만 보는 것보다는 훨씬 의미가 있다. 배스킨라빈스는 MBTI 검사를 바탕으로 한 〈미스터리 미션 테스트〉를 대중들이 진행하게 만든다. 아이스크림 레시피를 찾는 상황 속에서 12개의 질문으로 구성되어 있고, 이 질문에 답하면 종합적 분석을 통해 총 16가지 성향을 제시한다. 해당 마케팅의 소재가 '핑크팬더'였던 만큼, 성향에 따라 핑크팬더 이미지와 함께 아이스크림 추천이 이루어진다.

앞에서 말한 것처럼, 그냥 일방적으로 추천을 해주는 것도 귀차니즘에 빠져 있는 대중들에게는 나쁘지 않을 수 있지만, 본질적으로 재미가 없다. 평면적 마케팅 프로젝트는 수없이 접해왔다. 행동할 수 있는 과제가 있다면 자연스럽게 참여하며, 훨씬 더 각인효과가 높다.

행동할 만한 과제가 필요하다는 것은 개인의 발견과도 연관이 깊다. 광고는 피하고 싶고, 관심 없는 주제는 쳐다보고 싶지도 않다. 이런 트렌드에서 눈길을 사로잡는 것은 경험과 행동 과제다. 행동하라고 하면 의미를 찾으려 노력하는 대중들의 특성상, 개인의 관심사를 뛰어넘을 수 있는 선택 중 하나가 바로 행동이라는 것이다.

실제로 많은 기업이 투표 등의 단순한 행동 과제를 활용한 마케팅을 전개한다. 이런 방식이 여전히 활용되는 이유는 생각보다 많은 사람들이 실행하기 때문이다. 투표를 요청할 때마다 예상 참여 인원의 1.2~1.5배 이상의 참여자를 끌어낸다는 통계가 나온 적이 있다. 행동하게 만드는 마케팅 프로젝트가 얼마나 중요한 것인지를 일깨워주는 수치가 아닌가 싶다.

수행과제를 제시하라

마케팅을 기획할 때, 처음부터 과제를 선점하고 들어가는 센스가 필요하다. 목적, 타깃, 기간, 비용 등 중요한 기획 요소에 반드시 '수행과제'를 포함시켜 생각해야 한다.

이 수행과제가 바로 메타버스에서는 상호작용이 될 것이다. 대중들은 이렇게 상호작용이 이뤄지는 것에 흥미를 느끼고 메타버스에 접근한다. 만약 상호작용이 전혀 존재하지 않는다면, 메타버스를 새롭게 인식하지 않았을 것이다. 즉, 수행과제에 대한 이슈는 메타버스가 마케팅에 던지는 중요한 메시지다.

수행과제는 크게 2가지 방향을 고려해야 한다. 가장 일반적으로 사용되는 투표, 검사 등은 여기서는 언급하지 않겠다. 첫 번째는 '대중 입장에서 얻는 것'을 고려해야 한다. 즉, 수행과제에 참여하면 무언가 스스로에게 도움이

삼쩜삼의 핵심 가치는 과제를 수행하고 돈을 찾는 것이다.(출처: 자비스앤빌런즈)

되는 사실을 알게 되거나 얻는 것이다. 이는 가장 기본적인 리워드에 대한 것으로, 가시적으로 보이는 단순한 상품보다 오히려 효과적일 수 있다.

돌풍을 일으킨 세금 환급 서비스 삼쩜삼을 보자. 삼쩜삼은 단순하게 "환급 받을 수 있다"는 기조를 설명만 하지 않았다. 설명만 했다면 아마도 피부에 와닿는 사람이 많지 않았을 것이다. 하지만 설명보다는 과제를 수행하게 만들었다. 바로 환급액을 찾는 과정을 제시한 것이다. 간단한 과정을 통해 알아보고, 직접 행동할 수 있는 이 시스템은 꽤나 흥미로웠다. 여기에 대중 입장에서 매우 중요한 리워드인 돈이 함께 섞이면서, 엄청난 참여를 불러왔다. 물론 언제나 돈과 같은 현실적 가치를 제시할 필요는 없다. 하지만 적어도 참여와 행동이 어떤 도움을 가져다주는지는 정확히 설정하고 알려줄 필요가 있다.

또 다른 하나는 '인증의 필요성'이다. 앞 장에서부터 계속 강조해오고 있는 부분이다. 결국 행동을 진행한 후 인증할 수 있도록 만들어야 한다. 그래야 자연스럽게 퍼져 나가고, SNS에서의 언급량이 늘어난다. 인증하게 하려면 사진을 찍거나 캡처를 하는 방식을 용이하게 해야 한다. 각종 메타버스에 활용된 아이디어처럼 포토존을 따로 마련하는 것도 좋다. 혹은 자신의 아바타가 특정 공간에 존재할 때 훨씬 더 아름답게 보이는 심미적 가치를 지향해야 한다. 냉정하게 말해 SNS는 정말 아름다워 보이는 사진이 아니라면 잘 올리지 않는다. 일명 '인생샷'에 대한 강렬한 욕구는 이런 사실을 입증한다. 따라서 SNS에 올리고 싶은 사진을 찍을 수 있도록 행동을 유도하고, 다양한 심미적 공간과 흥미로운 요소를 계속해서 선보여야 한다.

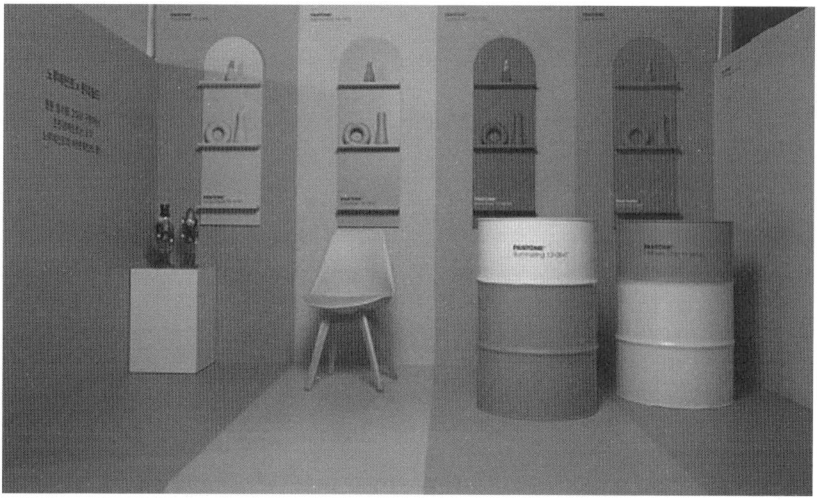

판을 깔고 행동하도록 해야 한다.(출처: 노루페인트)

노루페인트는 롯데월드와 협업해 셀프 포토스튜디오 마케팅을 진행했었다. 다양한 컬러부스와 화사한 조명을 준비해 그야말로 인생샷을 찍게 유도했다. 컬러와 조명뿐만 아니라 소품과 조명도 모두 준비되어 있다. 곧바로 인증할 수 있도록 모든 것을 준비해놓은 것이다. 실제로 이 공간은 롯데월드에 방문하면 꼭 가야 할 장소로 꼽혔고, 수많은 인증사진이 쏟아졌다.

만약 노루페인트가 올해의 컬러 소개 등의 기존 콘텐츠만 진행했다면 어땠을까? 행동할 부분이 부족하다. 하지만 대중들의 행동 속성을 정확히 읽고 반영하면서 새로운 이야기들이 만들어졌다.

상호작용이 의미하는 행동으로 둘러싸인 메타버스는 단순한 마케팅의 끝을 의미한다. 메타버스여도 좋고, 다른 활동이라도 괜찮다. 기획 단계에서부터 과감한 과제 선점으로 대중들의 행동을 이끌어내길 바란다.

05

B급 소통을 새롭게 정의하라

B급, 질을 나누는 기준이 아니다?

내가 어렸을 때는 일명 'B급 영화'가 존재했다. 연출 의도를 도무지 알 수가 없는 영화들이었다. 개연성 없는 전개, 약간의 볼거리만 제공하는 B급 영화들은 누가 봐도 조악하고 저예산으로 만든 것 같은 느낌이 들었다. 하지만 그래도 시간을 보내기에는 적합했기에, B급 영화를 보려고 비디오를 빌려오곤 했다.

그렇다. 과거에는 이것이 B급을 생각하는 기준이었다. 예산이 부족하고, 민망한 퀄리티를 가진 콘텐츠를 B급이라고 불렀다. 반대에는 예산도 많이 사용하고 퀄리티도 좋은 A급이 존재했다. 하지만 뉴미디어 시대에는 주목받는 이유가 다양해졌다. 예산이 부족하다고 주목받지 못하고, 예산이 많다고 해서 대중들의 주목을 보장받는 게 아니다. 선택은 대중이 하는 것이고, 마케팅에 성공하는 방향성은 점점 다양해지고 있다. 이런 상황이다 보니 A와 B를 기존의 개념으로 이해하기에는 다소 부족함이 있다. 그래서 A와 B를 새롭게 정의하는 게 필요하다고 제안하는 것이다.

A는 기존에 익히 알고 있는 '매스미디어형' 마케팅이다. 대부분의 광고 영상이 여기에 해당하며, 매스미디어를 활용하는 모든 방식이 포함된다. B는 '뉴미디어형' 마케팅이다. SNS 마케팅, 숏폼 활용, 그리고 메타버스 등 새롭게 만나는 모든 수단이 여기에 해당할 것이다. 그럼 C도 존재할까? 아쉽게도 C는 없다. 만약 앞으로 미디어가 또 한 번 크게 요동친다면, 새롭게 등장한 요소들을 C로 분류하면 좋을 것이라는 생각을 한다. 하지만 유튜브와 메타버스가 상징하는 지금의 소통 구조는 앞으로도 오래 지속될 것이다. 새로운 미디어가 등장해도 유튜브와 메타버스가 상징하는 문법을 적용할 가능성이 높다. 그래서 A와 B만 있어도 나누는 기준은 충분할 것이다.

직관적 소통 구조를 구현하라

그렇다면 B급 소통에는 구체적으로 무엇이 있을까? 크게 2가지로 나누어보자. 하나는 직관적 소통, 또 다른 하나는 솔직한 소통이다. 단어는 간단하지만 내포하고 있는 의미는 꽤나 복잡하다.

일단 직관적이란 이해하기 쉽고, 얻고 싶은 결과까지 걸리는 시간이 경제적인 것이다. 만약 당신이 이벤트에 참여하고 싶어서 누군가의 마케팅 프로젝트에 접근했다고 가정해보자. 그런데 이벤트에 참여하려니 회원 가

입과 플랫폼 이동 등 다양한 노력을 필요로 한다. 웬만큼 의미 있는 선물이 아닌 이상, 당신은 끝까지 이 과정을 수행할 수 있을까? 대부분은 중간에 그만둘 것이다. 그만큼 직관적이지 못한 소통과정을 선호하지 않는 시대다. 하물며 마케팅은 더 그렇다. 우리는 대중에게 마케팅을 위해 호소해야 하는 위치다. 그럼에도 복잡하고 어려운 과정을 요구한다면, 매우 부적절하다고 볼 수 있다. 그래서 과정은 단순화하고 이해는 더 쉬워져야 한다.

메타버스는 여기에 딱 맞는다. 상호작용은 각자의 선택이다. 하지만 상호작용까지 진행하는 데 복잡한 과정은 없다. 아바타가 존재하고, 메타버스 플랫폼에 접근만 하면 더 복잡하게 수행해야 할 부분은 거의 없으니 말이다. 물론 좀 더 많은 상호작용을 위해서 필요한 요소들이 존재할 수는 있다. 하지만 이마저도 매우 간편하다. 이해하기 어렵고, 복잡한 과정을 동반하는 부분은 거의 없다. 그러니 메타버스에서 얻어야 하는 정보와 즐거움을 빠르게 얻을 수 있다. 결론마저도 매우 직관적인 것이다.

메타버스는 이미 직관적 소통에 대한 메시지를 던졌다. 각종 마케팅에서 과정을 줄이고, 이해를 빠르게 만드는 세심한 작업이 반드시 뒤따라야 한다.

toss

토스를 비롯한 금융권의 모든 관심은 직관적 소통에 있다.(출처: 비바리퍼블리카)

토스를 비롯한 금융권은 직관적 소통을 중점에 둔다. 마케팅 포인트 자체가 직관적 소통법 구현에 초점을 두기 때문이다. 금융권이 노리는 직관적 소통은 바로 쉬운 인터페이스, 알아보기 쉬운 메뉴, 필요 없는 기능 정리 등 대중의 편의성을 증대시키는 것이다. 금융권 서비스에 접근하는 목적은 무엇인가? 당연하게도 돈을 활용하기 위함이다. 그러니 빠르게 원하는 결과까지 다다를 수 있게, 모든 요소를 정리하고 간소화하는 것이다. 금융권에서는 이런 소통 구조의 변화 말고도 다양한 마케팅 활동을 전개한다. 하지만 직관적 소통만큼 빠르게 편리함을 전달하는 마케팅 메시지는 없다. 그래서 모두에 주목하는 개념이라고 봐도 무방하다.

메타버스 자체를 구현해 직관적 소통을 구현하는 것도 중요하지만, 만약 불가능하다면 소통을 단순화해 나가길 바란다. 간편할수록 대중들은 더 많이 접근할 것이며, 우리가 전하고 싶은 메시지는 빠르게 전달될 것이다. 가장 많이 찾는 서비스를 우위에 두고, CS를 위한 과정은 간편하게 진행하라. 또한 SNS에서 볼 수 있는 정보도 언제나 간략한 시각화를 통해 이해를 도와야 한다. SNS를 통한 카드 뉴스 콘텐츠 등은 언제나 좋지만, 너무 많은 정보를 담으려다 실패하는 경우가 많다. 타이틀 위주로 정보를 정리하고, 이해하기 쉽게 만들어야 한다. 유튜브나 블로그는 두괄식 구성을 사용해야 한다. 어떤 사람에게 도움이 되는 콘텐츠인지, 전반적인 마케팅 목적은 무엇인지 밝혀서 타깃을 명확히 정의하라. 직관적 소통의 시대에 대중들은 마케팅 콘텐츠가 끝나는 순간까지 기다리지 않는다.

마케팅에서 매우 솔직해져야 하는 이유

또 다른 하나는 솔직한 소통이다. 사실 솔직한 것이 마케팅이랑 무슨 상관이냐고 반문하는 사람도 있을 것이다. 하지만 솔직함은 마케팅에서 매우 중요하다. 이유는 트렌드 때문이다.

첫 번째는 명확함에 대한 니즈다. MZ세대는 특히 명쾌하고, 확실한 메시지를 좋아한다. 그래서 유튜브 뒷광고 논란에 분노하는 것이다. 명쾌한 소통에 대한 믿음을 저버렸기 때문이다. 하지만 이런 성향은 MZ세대에게만 해당하는 것은 아니다. 그간 숱한 광고를 봐온 기성세대들도 명확한 메시지를 원한다. 그만큼 바쁘고 할 일이 많다. 마케팅 메시지까지 마음을 쓰고, 판단해야 한다면 짜증이 날 수 있다. 그래서 메시지는 더욱 명확해져야 한다. 빙빙 돌려 말하는 것보다는, 오히려 솔직하게 의도를 말하고 전하는 것이 트렌드에 어울린다. 대중의 시간을 빼앗지도 않으며, 의도를 파악하기 위해 애써 고민할 필요도 없다. 그래서 명확한 마케팅 의도를 솔직하게 드러내는 것도 매우 좋은 방법이다. 메타버스도 그렇다. 기업이나 브랜드가 준비한 메타버스 환경이 100퍼센트 대중 친화적인 공간이라 생각하는 사람은 없을 것이다. 어느 정도의 마케팅 목적은 있을 것이라고 인지하고, 기업과 브랜드 역시 애써 의도를 꽁꽁 숨기려 하지 않기 때문에 명확한 소통 구조가 만들어지는 것이다.

매우 명확하고 솔직하게 다가가니 매출이 올랐다.(출처: BGF리테일)

CU는 의도를 드러내며 성과를 낸 경험이 있다. 제품을 홍보하기 위해 호랑이 라떼, 곰표 팝콘, 다진 마늘, 쑥 아이스크림을 동원했다. 바로 단군신화에 나오는 아이템들의 조합이다. 그렇게 〈단군신화 이벤트〉라는 기획이 나왔다. 사실 명확한 의도나 목적은 전무했다. CU측도 알고 있었는지, SNS를 통해 맥락 없는 기획이라고 솔직하게 말했다. 또한 광고를 위해 조합했다는 의도를 명확하게 드러냈다. 이 상황에 오히려 대중들이 공감했다. 의도를 명확히 드러내니 더 많이 접근했다. 실제로 등장한 제품들이 모두 매출이 상승했다. 특히 호랑이 라떼는 19.5퍼센트나 매출이 올랐다.

두 번째는 대리만족이다. 우리는 모두 나의 마음을 대변해줄 스피커를 원하고 있다. 사실 너무나 말하고 싶은 것이 많지만, 사회 분위기를 따져보고 참아야 하는 일들이 많은 것이다. 하지만 솔직함을 좋아하는 MZ세대들에게 꾹꾹 눌러 담아야 하는 진심은 영 불편한 일이었다. 그래서 마케팅 콘텐츠가 대리만족을 주면 열광하게 되었다. 매우 솔직한 언사로 누군가의 감정을 대변해주면, 어김없이 공감을 얻는 상황이 전개된 것이다. 그래서 유독 솔직한 언행을 무기로 한 마케팅 콘텐츠가 많이 쏟아져 나왔고, 상황에 따른 적응도 함께 이루어졌다. 예시는 멀리서 찾을 필요도 없다. 김연경 선수를 생각해보자. 김연경 어록이라는 말이 있을 정도로 거침없는 언행으로 시원함을 선사해주었다. 대중들은 열광했고, 김연경의 멘트를 캡처해 밈으로 공유하며 바이럴에 나서기도 했다. 장성규라는 캐릭터도 마찬가지다. 선을 넘을 듯 넘지 않으며 대중들이 하고 싶은 말을 대신했다. 광희가 〈네고왕〉을 히트시킨 원동력도 대리만족이다. 기업을 찾아가 할 말은 제대로 하는 과감함이 대중들의 마음을 자극한 것이다. 이렇듯 대리만족에 대한 욕구는 매우 강하며 마케팅 포인트의 한 부분을 차지하고 있다. 그래서 솔직한 마음을 그대로 표출할 수 있는 구조를 만드는 것은 매우 중요한 일이다.

물론 대리만족은 꼭 솔직한 한마디로 구현되는 것은 아니다. 평소에 경험하기 어려웠던 요소를 극대화시키는 것도 충분히 대리만족을 줄 수 있다. 이런 방식의 대리만족은 메타버스에서 구현할 수 있는 의미 있는 상황 중 하나이며, 간접 경험 등 다양한 콘텐츠로 만들어갈 수 있다.

그러니 대리만족은 조금 더 다양한 수단을 고민해보길 바란다. 다른 이의 마음을 대변하는 콘셉트부터, 일상에서 경험하기 어려웠던 주제들까지 아우르며 대리만족의 즐거움을 극대화해야 한다. 단, 어떤 대리만족이라도 기본은 솔직함에서 시작된다는 것을 기억하자. 시원한 한마디도 솔직함에서 나오며, 새로운 경험에 대한 아이디어도 우리의 가치를 솔직히 드러내는 것에서 시작된다.

B급 소통, 무한한 가능성

B급 소통은 무한한 가능성을 가지고 있다. 앞으로도 대중들은 많은 마케팅 메시지에 노출될 것이고, 그에 따라 기존과는 다른 방향성에 공감하는 일이 더 많아질 것이다. 멋을 부리는 마케팅도 좋지만, 오히려 솔직한 의도를 드러내며 접근하는 것이 더 나을 수도 있다. 마케팅 메시지에 노출되면 될수록, 반대급부를 찾는 성향은 더 강해질 것이다. 또한 대리만족에 대한 니즈도 더 많아질 것이다. 우리가 살아가는 사회는 더 복잡해질 가능성이 높고, 이에 따라 응어리가 생기거나 시간이 부족해서 경험하지 못하는 것들이 많아질 것이다. 따라서 이를 풀어주는 대리만족은 마케팅에서 꼭 주목해야 할 개념이다.

메타버스는 이미 극강의 대리만족을 구현하고 있다. 가장 솔직한 마케팅 공간을 만들고, 이에 따라 각종 대리만족의 간접경험을 추구한다. 또 실시간으로 소통할 수 있는 공간을 구현해 메타버스에 존재하는 각 개인이 '살풀이'를 할 수 있는 기회를 제공한다. 결국 메타버스는 어떤 측면으로 보면, 완전체에 해당하는 대리만족의 공간이 아닐까 싶은 생각도 하게 된다. 앞서 언급한 요소들도 함께 고려하면, 메타버스는 그 자체로도 중요한 개념이고 마케팅의 미래에도 수많은 메시지를 던진다. 당신이 메타버스를 구현할 수 있는 상황인지, 혹은 그렇지 못한지에 대한 여부는 중요하지 않다. 가장 중요한 것은 메타버스가 의미하는 메시지를 정확히 이해하고, 현재 가장 접근성이 좋은 수단으로 실행하고 적응하는 것이다. 대중들과 접점을 줄이는 과정은 멀리 있지 않다. 마케팅의 본질을 읽는 진지한 고민으로 앞으로 변화할 마케팅 환경에 빠르게 적응하는 선구자가 될 수 있길 기원한다.

언제나 본질은 해답을 제시한다

본질은 해답을 제시한다. 내가 신뢰하는 진리다. 현상은 스쳐 지나갈 수도 있다. 하지만 본질은 언제나 든든한 지식이 된다. 그래서 본질을 탐구하고 적용해야 한다는 것이 마케팅을 향한 나의 믿음이다.

수많은 기업이나 기관에 강의를 나간다. 또 컨설팅을 직접 벌이는 경우도 많다. 이 수많은 사례에게 가장 안타까운 것은 다음과 같은 말이다.

"요즘 이게 대세라는데, 이렇게 그냥 하면 되는 거 아닐까요?"

생각보다 많은 기업과 기관이 이렇게 말한다. 사실 틀린 말은 아니다. 잘 되고 있는 키워드를 차용해 시도하면, 아무래도 익숙함을 느끼는 대중들이 빠르게 반응할 가능성이 높다. 하지만 이는 단발성 마케팅이다. 오래가는 연속성을 발견하기는 거의 불가능에 가깝다. 만약 짧은 시간 동안 마케팅을 진행하고 끝낼 거라면 상관없겠지만, 대부분의 기업과 기관은 연속성을 가질 수 있는 마케팅을 원한다. 즉, 대세만 따라가는 것은 해답이 아니라는 것이다.

그래서 본질이 필요하다. 현상이 상징하는 이야기들을 읽고, 이를 발전적으로 반영해보려는 노력이다. 지금은 '상황'에 따른 소비가 이루어지는 시대다. 모두가 똑같은 소비를 경험하지 않으며, 각자의 상황에 맞춰 다른 소비 스토리를 쓴다. 동일선상에서 생각할 수 있는 마케팅은 거의 존재하지 않는다. 모두가 다 다르게 받아들일 것이며, 이에 대한 리액션 역시 모두가 다를 것이다. 그러니 현상의 본질을 읽지 못하면, 수박 겉핥기와도 같은 마케팅을 진행할 수밖에 없다. 하지만 우리는 끊임없이 이어질 수 있는 스토리라인을 만들어야 한다. 그러기 위해서는 반드시 본질에 대한 고민이 이어져야 한다.

이 책을 처음 기획할 때의 의도도 역시 그랬다. 메타버스라는 단어가 널리 사용되고 있는데, 사실 메타버스는 어디서 갑자기 뚝 떨어진 단어가 아니었다. 대중들은 메타버스 열풍이라는 이야기에만 주목했고, 정작 메타버스가 상징하는 이 시대의 트렌드와 본질을 짚어주는 콘텐츠는 없었다. 그래서 메타버스라는 이 좋은 개념을 손에서 떠나보내지 않으려면 메타버스의 의미를 탐구하는 과정이 반드시 필요하다고 생각했다. 이 책은 메타버스를 향한 고민과 성찰의 결과다. 그리고 단순히 메타버스뿐 아니라, 마케팅의 미래를 고려할 때 지름길이 되어줄 트렌드에 대한 시각이 담겨져 있다.

언제나 본질은 해답을 제시한다. 여러분의 시각도 메타버스의 본질과 함께 더 높은 곳을 바라볼 수 있길 바란다. 또한 현상에 대한 단순한 검토가 아니라 이에 대해 모든 본질을 생각하겠다는 마음으로 우리가 마주하는 수많은 트렌드를 면밀하게 바라보는 시각의 재료가 될 수 있길 기원한다. 언제나 그렇듯, 나는 현상을 더 깊이 생각하고, 트렌드와 마케팅에 대한 새로운 해답을 제시할 수 있도록 노력할 것이다.

이것이 메타버스 마케팅이다

초판 1쇄 인쇄 2022년 4월 30일
1쇄 발행 2022년 5월 10일

지은이 **노준영**

펴낸이 **우세웅**
책임편집 **이현정**
기획편집 **한희진 김휘연**
콘텐츠기획·홍보 **전다솔**
북디자인 **박정호**

종이 **페이퍼프라이스(주)**
인쇄 **(주)다온피앤피**

펴낸곳 **슬로디미디어그룹**
신고번호 **제25100-2017-000035호**
신고연월일 **2017년 6월 13일**
주소 **서울특별시 마포구 월드컵북로 400, 상암동 서울산업진흥원(문화콘텐츠센터) 5층 22호**

전화 02)493-7780
팩스 0303)3442-7780
전자우편 slody925@gmail.com(**원고투고·사업제휴**)
홈페이지 slodymedia.modoo.at
블로그 slodymedia.xyz
페이스북.인스타그램 slodymedia

ISBN 979-11-6785-071-3 (03320)